인류 멸종 실패기

일러두기

이 책에서는 1707년 연합법을 통해 잉글랜드와 스코틀랜드가 통합되기 이전의 시점(튜더 시대 등)은 '잉글랜드'로, 통합 이후의 시점(빅토리아 시대 등)은 '영국'으로 서술했습니다.

인류 멸종 실패기

유진 지음

빅피시

지혜롭지 못한 인간들의
지혜로운 생존 연대기

만약 과거로 돌아갈 수 있다면 당신은 어느 시대로 떠나겠습니까? 누군가는 검투사 경기가 열리는 고대 로마를 떠올릴지 모릅니다. 혹은 중세 시대에서 화려한 연회를 즐기거나, 바다 건너 미지의 세계로 떠나는 탐험가 무리에 서고 싶을지도 모릅니다.

하지만 그 시대에 태어났다면 당신은 연회장에 초대받는 사람이 아니라 연회장을 치우는 사람이었을 가능성이 큽니다. 새로운 대륙을 발견하는 탐험가가 아니라, 그 배 위에서 이름도 남기지 못한 채 바다에 수장된 수많은 사람 중 하나였을지도 모릅니다.

과거는 우리가 떠올리는 것만큼 낭만적이지 않았습니다. 대부분은 하루를 버티는 것 자체가 과업이었습니다. 원인도 알 수 없는 질병이 순식간에 퍼졌고, 굶주림은 계절처럼 반복됐으며, 적지 않은 아이들이 어른이 되기 전에도 세상을 떠나야 했습니다. 인류가 탄생한 순간부터 인간의 삶은 언제나 위태로웠습니다.

그런데도 인류는 멸종하지 않았습니다. 때로는 순전한 우연이었고, 때로는 누군가의 발명 덕분이었으며, 때로는 이름 없는 사람들의 희생과 생존 본능이 종의 생명을 이어주었습니다.

우리는 흔히 문명의 발전 과정을 통해 역사를 배웁니다. 더 강한 국가, 더 거대한 도시, 더 정교한 기술의 탄생에 집중하곤 하죠. 하지만 질문을 조금만 달리하면 전혀 다른 풍경이 드러납니다.

사람들은 무엇을, 어떻게 먹고살았을까? 무슨 병에 걸렸고, 어떻게 치료했을까? 아이를 낳고 기른 환경은 어땠을까? 그 모든 척박함 속에서 인간은 어떻게 다음 날을 맞이했을까?《인류 멸종 실패기》는 바로 그 질문에서 출발하는 책입니다.

이 책은 연표 중심으로 세계사를 풀어내는 책이 아닙니다. 왕이나 위인들의 선택이 아니라 그 시대를 살아낸 평범한 사람들의 삶을 따라가는 이야기입니다. 마차 안에서 겨울을 버티던 개척민, 산업혁명의 공장에서 하루 열두 시간씩 일하던 아이들, 12조의 메뚜기 떼가 휩쓸고 지나간 농지에서 살아남기 위해 몸부림치던 사람들…. 그들의 삶을 따라가다 보면 우리는 한 가지 진실을 알게 됩니다. 오늘날 누리는 평범한 일상이 결코 당연하게 주어진 것이 아니라는 사실입니다.

어쩌면 인류의 역사는 화려한 성공의 기록이라기보다 수없이 반복된 처참한 실패의 기록일지도 모릅니다. 이 책의 제목이 《인류 멸종 실패기》인 이유도 여기에 있습니다. 여기서는 인류가 마주했던 가장 불결하고 위험하며 기괴했던 순간들을 가감 없이 조명합니다. 우리가 문명이라는 이름으로 애써 감춰온 흑역사를 들춰내며, 인류가 어떤 비상식과 고통을 딛고 지금의 안온함을 쟁취했는지 들여다봅니다.

당신은 이 여정을 통해 지금 당연하게 누리는 깨끗한 물 한 잔, 안전한 집, 그리고 마취제가 있는 수술대가 사실은 인류가 수천 년간 피 흘리며 일궈낸 위대한 생존 결과물임을 깨닫게 될 것입니다. 과거를 목격할수록 현재의 소중함은 더욱 선명해질 것입니다.

　이제 세상에서 가장 치열하고 잔혹한 세계사 여행을 시작하려 합니다. 타임머신의 문이 열리는 순간, 과거의 악취와 고통이 당신을 덮칠지도 모릅니다. 부디 끝까지 살아남으시길 바랍니다.

PART 1

평범한 일상에서 살아남기

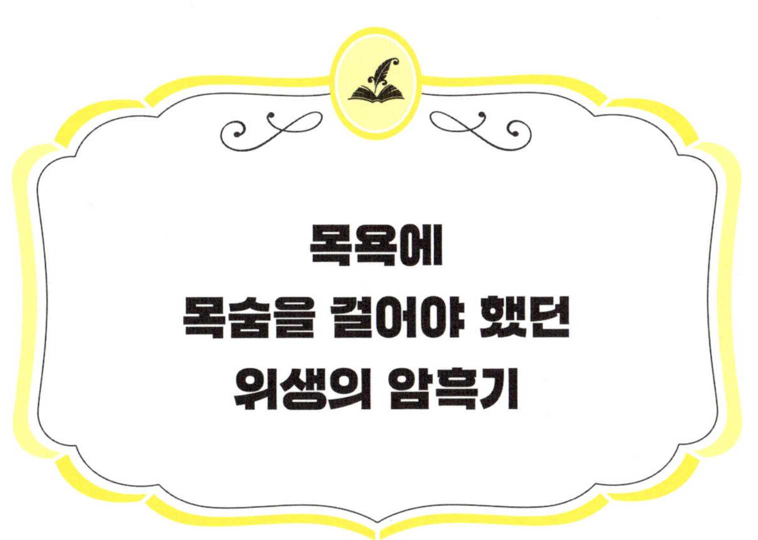

"창문 너머로는 석탄 연기가 하늘을 뒤덮고 거리의 공기는 탁했으며 아이들은 배고픔과 병에 시달리고 있었습니다."

찰스 디킨스의 《올리버 트위스트》에서는 빅토리아 시대 (1837~1901년까지 빅토리아 여왕의 치세) 런던 서민들의 삶을 이렇게 생생하게 묘사하고 있습니다.

150년 전 산업혁명으로 도시는 급성장하고 있었지만, 깨끗한 물조차 귀했던 서민들은 한 대야의 목욕물을 받으면 아버지부터 막내까지 온 가족이 돌아가며 사용해야 했습니다. 심지어 이때 "목욕물 버릴 때 아기까지 같이 버리지 마라"라는 표현도 생겨났습니다.

사실 이런 가족 목욕도 아주 가끔, 정말 특별한 날에만 하는 일이었습니다. 오늘날처럼 샤워기나 욕조가 있는 집은 거의 없었기 때문에 대부분의 가정에서는 스펀지 목욕을 했습니다. 세숫대야에 물을 조금 받아 그 물을 적신 스펀지로 온몸을 훑는 방식이었죠. 따뜻한 물을 쓰는 경우는 드물었고 대부분 미지근하거나 찬물이었습니다.

특히 겨울에 난방이 거의 되지 않는 집에서 살아야 했던 서민들은 특별한 때가 아니면 이러한 방식의 목욕도 거의 하지 않았습니다. 당시에는 손이나 얼굴처럼 외부에 노출되는 부위만 자주 씻었고, 나머지는 가려져 있으니 굳이 정기적으로 닦을 필요가 없다고 여겼습니다. 서민들은 몸의 청결에 신경 쓸 형편이나 여유도 없었고 목욕 자체를 거의 하지 않았습니다.

반면 빅토리아 시대 중상류층은 청결도가 곧 사회적 지위를 나타낸다고 생각했습니다. 목욕은 부유한 사람들이 가난한 사람들과 자신을 구별하는 수단이 되기도 했습니다.

서민층보다 조금 여유 있는 중산층 가정에서는 '힙 욕조Hip bath'라는 간이 욕조를 사용하기도 했습니다. 지금 기준으로 보면 약간 큰 세숫대야 정도의 크기인데, 사람이 그 안에 쪼그리고 앉아 엉덩이만 물에 담글 수 있는 구조였습니다. 다리는 바깥으로 나와 있고 상반신은 그대로 노출된 상태에서 겨드랑이, 사타구니처럼 옷을 입고는 닿기 어려운 부위를 씻는 데 사용되었습니다.

중산층 가정에서 사용하던 간이 욕조 '힙 욕조'

'노동'의 집약체였던 목욕

웬만한 가정에는 화장실이 없었고, 볼일은 다른 가족이 보는 앞에서 요강으로 해결하는 것이 일반적이었습니다. 대부분의 중산층 가정은 전신을 담글 수 있는 욕조를 가지지 못했습니다. 많은 양의 깨끗한 물을 길어 와 데우고, 욕조를 채우고, 목욕하는 동안 보충하는 일은 여러 명의 하인 없이는 감당하기 어려운 일이었기 때문입니다.

일부 부유한 가정에서는 더 고급 욕조를 갖춘 집도 있었습니다. 호화스러운 욕조에 오늘날 우리가 사용하는 것처럼 뜨거운 물과 찬물이 모두 나오는 수도꼭지가 달려 있었습니다. 그러나 중요한 점은 이 수도꼭지에서 물이 바로 나오는 것이 아니라는 사실입니다.

수도꼭지 배관은 위층에 설치한 물통에 연결되어 있었고, 이 물통에 끓는 물과 찬물을 채우는 일은 하인들의 몫이었습니다. 하인들은 부엌에서 무거운 솥이나 주전자에 물을 끓인 뒤, 그것을 위층이나 다락방에 있는 물통까지 수십 번 들고 오르내려야 했습니다. 그래서 이 욕조는 당시 부의 상징이었습니다.

1860년대 영국의 벤저민 워디 모한이라는 인물은 하인을 둘 정도로 부유하시 못했습니다. 그는 따뜻한 불을 계속 보충하지 않고도 뜨거운 욕조에 들어갈 방법이 없을지 고민하다가 장작불 위에 끓는 냄비를 보며 아이디어를 떠올렸습니다. 욕조를 금속으로 만들고, 그 아래 가스버너를 달아 물을 직접 데우는 방식이었습니다.

그는 투자를 받아 이 욕조를 만들어 판매했고 실제로 많은 중산층 고객이 집에 설치했습니다. 그러나 문제가 발생했습니다. 욕조의 온도에 따라 가스버너의 화력을 조절할 수 있는 장치가 없어 화상을 입는 경우가 많았고, 심지어 욕조 아래에서 타고 있는 가스 연기에 취해 의식을 잃는 사람도 생겼기 때문입니다. 수많은 소송에 휘말린 끝에 그는 결국 파산하고 말았습니다.

'물'만이 문제는 아니었다

그렇다면 도시에 살던 사람들은 물을 어디서 어떻게 구했을까요? 노동자 계층은 하루에도 몇 번씩 거리의 공동 수도나 펌프 혹은 우물에서 물을 길어 와야 했습니다. 양동이에 가득 물을 담아 집까지 옮기는 일은 주로 여성이나 아이들의 몫이었습니다. 이 물은 식사를 만들고 얼굴을 씻고 빨래를 하고 심지어 목욕할 때까지 온 집안일에 두루 사용되었습니다.

물을 길어 오는 일은 만만치 않은 노동이었고, 겨울에는 특히 더 어려웠습니다. 영하로 떨어진 날씨에 우물은 종종 얼어붙었고 바깥 펌프도 물이 얼어 나오지 않는 경우가 많았습니다. 그럴 때는 가족 중 누군가가 망치나 쇠 지렛대로 얼음을 깨 가며 물을 길어 와야 했습니다.

한 번 사용한 물은 가급적 재활용했습니다. 따뜻한 물로 씻고 싶다면 부엌 아궁이에 불을 지피고 무거운 주전자나 솥에 물을 데운 뒤 비로소 겨울철 스펀지 목욕을 할 수 있었습니다.

그렇다면 물은 무엇으로 데웠을까요? 당시 가장 널리 쓰이던 연료는 석탄이었습니다. 영국은 석탄이 풍부한 나라였고 산업 혁명 이후 대부분의 도시 가정에서는 부엌 난로와 난방용 벽난로에 석탄을 태우는 것이 일반적이었습니다.

그러나 가격은 저렴하지 않았습니다. 특히 노동자 계층에게는 석탄 한 조각도 철저히 아껴야 하는 귀중한 자원이었습니다. 가난한 가정에서는 장작, 짚, 나뭇가지 같은 대체 땔감을 사용하기도 했지만 연기가 많이 났고 도시에서는 구하기도 쉽지 않았습니다. 이 정도면 당시 사람들이 자주 씻지 못했던 이유가 어느 정도 이해됩니다.

또 다른 문제도 있었습니다. 여름이 되면 위생 상태가 좋지 않은 우물이나 하천에서 퍼 온 물을 마신 결과 콜레라, 장티푸스, 이질이 반복적으로 유행했습니다. 특히 1854년, 런던의 한 지역에서는 특정 우물에서 퍼 온 물이 인근 지역의 콜레라 감염 원인이라는 사실이 밝혀지면서 이 문제가 크게 부각되었고, 이후 상수도 시스템 도입이 앞당겨졌습니다.

하루라도 샤워를 하지 않으면 불편함을 느끼는 우리가 이 시대로 간다면 목욕을 어디에서 해야 할까요? 빅토리아 시대 영국의 각 도시에는 공중목욕탕이 설치되었습니다. 이는 수익 사업이 아니라 위생 교육과 질병 예방, 그리고 가난한 사람들을 돕기 위한 도시 복지 정책이었습니다. 공중위생이야말로 도시를 휩쓸던 전염병의 확산을 막는 가장 기본적인 방법으로 여겨졌기 때문입니다.

시설은 비교적 단순했습니다. 칸막이가 있는 작은 방에 욕조 하나가 놓여 있고 직원이 데운 물을 퍼다 부어 주는 형식이었습니다. 한 사람이 사용할 수 있는 시간은 정해져 있었고 때로는

영국 최초의 공중 세탁소 겸 목욕탕인 '프레더릭 스트리트 세탁소'

줄을 서서 기다려야 했습니다.

공중목욕탕에는 세탁 공간도 함께 마련된 경우가 많았습니다. 한 장소에서 몸을 씻고 빨래도 할 수 있었기 때문에 서민들에게는 실용적인 공간이었습니다. 완전히 무료는 아니었으며 소액의 이용료가 필요했습니다. 일부 시설은 여성 전용과 남성 전용 시간을 구분해 운영했습니다. 19세기 후반 런던에서는 공중목욕탕에서의 훔쳐보기 사건이 사회적 문제로 다루어지기도 했습니다.

향기로 냄새를 가리다

빅토리아 시대에는 서민은 물론 상류층과 귀족들 사이에서도 목욕을 자주 하지 않는 사람이 많았습니다. 그렇다면 체취는 어떻게 해결했을까요?

당시 사람들은 향수를 적극적으로 사용했습니다. 여성들은 라벤더, 로즈, 바이올렛 향을 사용했고 남성들은 베이럼(월계수의 잎을 럼주에 담가 증류하여 만든 것)처럼 강한 향을 선호했습니다. 향기는 교양과 위생의 상징이었습니다.

이러한 문화는 이전 시대부터 이어져 왔습니다. 17세기 프랑스의 루이 14세는 목욕을 거의 하지 않은 왕으로 알려져 있습니다. 그 대신 그는 전신에 향수를 뿌리고 침대 시트와 가구에까지 향기 나는 오일을 사용했습니다.

향수로 체취를 덮는 문화는 프랑스 궁정에서 시작되어 19세기 영국 상류층까지 퍼졌습니다. 그러나 가격이 비쌌기 때문에 서민들에게는 사치품이었습니다. 값싼 대안으로 향 파우더나 베이킹소다가 사용되었습니다. 겨드랑이처럼 땀이 많은 부위에 이를 뿌려 습기를 흡수하고 냄새를 줄였습니다.

빅토리아 시대 사람들은 여러 겹의 속옷을 입었고, 슈미즈Chemise나 페티코트 같은 속옷이 땀과 냄새를 흡수하는 역할을 했습니다. 속옷은 자주 세탁했지만 겉옷은 고급 직물로 만들어져 세탁이 어려웠기 때문에 1년에 한 번 정도 세탁했습니다. 겨드랑이 땀이 겉옷에 배는 것을 막기 위해 드레스 실드를 사용하기도 했습니다.

1712년부터 1853년까지 영국에서는 비누에 세금이 부과되었습니다. 그러나 1853년 윌리엄 글래드스턴의 세금 개혁으로 비누세가 폐지되면서 비누는 대중화되었습니다.

니콜라 르블랑이 1791년에 개발한 소다회 제조법은 비누의 대량 생산을 가능하게 했습니다. 1807년 런던에서 출시된 피어스 비누는 투명 비누로 주목받았고, 1879년 프록터 앤드 갬블이 출시한 아이보리 비누는 물에 뜨는 특징으로 유명해졌습니다.

1858년 여름 런던은 '대악취' 사건을 겪었습니다. 템스강이

19세기 후반에 제작된 드레스 실드 광고

오염되면서 도시 전체가 악취에 뒤덮였습니다. 인구 증가에 비해 하수 시스템이 부족했기 때문입니다. 이후 정부는 토목 기사 조지프 바잘게트에게 새로운 하수 시스템 설계를 맡겼습니다. 약 1,100마일의 하수관과 82마일의 간선 하수관이 설치되었고 1875년에 공사가 완료되었습니다. 이 시스템은 런던의 위생 환경을 획기적으로 개선했으며 오늘날까지도 도시 하수 구조의 핵심 기반이 되고 있습니다.

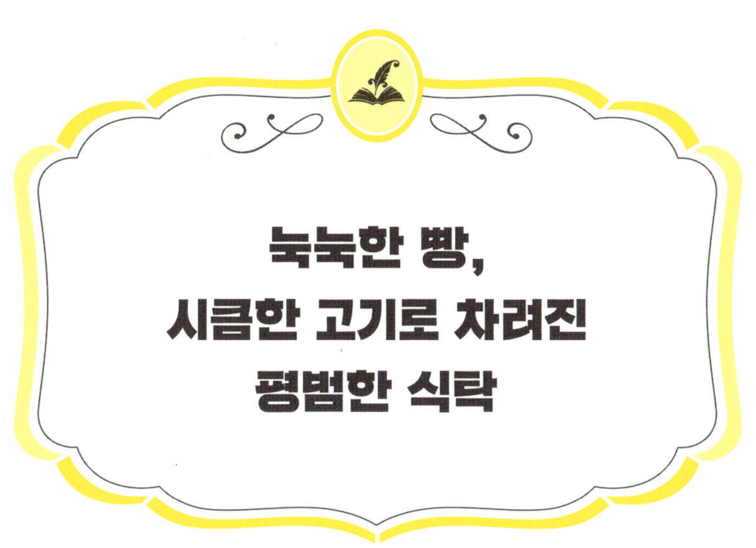

당신은 14세기 잉글랜드의 어느 성에 머물고 있는 영주의 식사 초대를 받았습니다. 영화에서 보던 화려한 중세의 성찬에 대한 기대가 부풀어 오릅니다. 연회장에 들어서자 커다란 고기 요리와 파이 가득한 빵, 은쟁반에 올려진 계절 과일과 건과일, 그리고 와인이 담긴 여러 개의 주전자가 시선을 사로잡습니다.

하지만 막상 자리에 앉는 순간 그 기대는 무너집니다. 고기에서는 강한 향신료의 냄새가 나고, 빵에서는 눅눅한 냄새가 풍깁니다. 잔 속의 와인에는 알 수 없는 침전물이 가라앉아 있습니다.

영주는 온화한 미소와 함께 정성껏 준비한 만찬이니 마음껏 먹으라고 하지만 값비싼 향신료와 진한 소스로 덮어도 이상한 맛을 완전히 감추지는 못합니다. 왜 이런 음식이 영주와 귀족의 식탁에 오르게 된 것일까요?

이제 조심스럽게 고기를 썰어 입에 한 점 넣어 봅니다. 신선한 고기 맛에만 익숙해진 당신은 씹는 순간 시큼한 맛이 코끝으로 스며드는 것을 느낍니다. 하지만 옆자리 귀족의 가족들은 아무렇지 않게 고개를 끄덕이며 고기를 먹고 있습니다. 이 장면은 결코 예외적인 순산이 아니었습니다.

그 이유는 먼저 식량 보관 기술의 한계에 있었습니다. 지금처럼 냉장고가 없던 시절, 고기는 도살 후 며칠 안에 변질되기 시

16세기 정육점의 풍경을 그린 그림

작했고 여름철이면 하루이틀 만에 표면이 변색되고 냄새가 났습니다. 당시 기록에 따르면 14세기 프랑스 왕궁의 부엌에서도 여름철 고기는 잡은 날 바로 조리하지 않으면 사용할 수 없었다고 합니다. 왕이 아닌 이상 약간씩 상한 음식을 먹는 것은 일상적인 일이었죠.

또 하나의 이유는 장거리 운송입니다. 귀족의 식탁에는 먼 지방에서 들여온 귀한 식재료가 올랐지만 말과 마차로 며칠, 길게는 몇 주를 이동하는 동안 신선도는 급격히 떨어졌습니다. 빵 역시 안전하지 않았습니다. 장기간 보관된 곡물에는 곰팡이가 피기 쉬웠고 특히 호밀에는 맥각균이 자주 발생했습니다.

10~11세기 사이 프랑스에서는 맥각균으로 인해 '성 안토니오의 불'이라 불리는 대규모 중독 사건이 발생했는데 손발 괴사, 환각, 발작 증상을 일으켜 마을 전체가 피해를 입기도 했습니다.

귀족이라 해도 이런 오염에서 완전히 자유롭지 못했습니다. 심지어 음료도 완전하지 않았습니다. 와인은 장기 보관 시 쉽게 산패했고 맥주는 며칠만 지나도 시어졌습니다. 잔 속 침전물은 발효 과정에서 나온 찌꺼기와 효모, 그리고 운송 중 섞인 먼지, 벌레 사체일 가능성이 높았습니다. 15세기 부르고뉴의 한 기록에는 귀족이 잔 속에서 벌레를 건져낸 뒤 아무렇지도 않게 다시 마셨다는 이야기도 남아 있습니다.

당신은 천천히 먹는 척하다가 화장실 간다는 핑계로 자리를 빠져나옵니다. 복도를 걷다가 부엌을 들여다보니 여러 명의 하인이 분주하게 움직이는 것이 보입니다. 화덕의 불길은 타오르고 공기는 이미 매캐한 연기와 고기 냄새로 가득합니다.

당신은 눈살을 찌푸리고 맙니다. 바닥은 짚과 기름대로 뒤덮여 있고 죄근 정소한 흔석은 보이지 않습니다. 고녀에는 손질을 기다리다 색이 변한 고기가 걸려 있고 그 옆에서는 도축을 기다리는 닭과 거위가 오물 위를 걸어 다니고 있습니다.

중세 성의 부엌은 오늘날 위생 기준으로 보면 위험천만한 곳이었습니다. 물이 귀하고 하수 시설이 없었던 탓에 세척은 자주 하기 어려웠습니다. 나무 도마와 칼은 고기나 생선을 손질한 뒤에도 대충 닦는 정도였고 그 틈에 남은 찌꺼기가 부패하면서 세균이 번식했습니다.

당시 사람들은 세균의 존재를 몰랐기에 나쁜 냄새가 나는 것이 질병의 원인이라고만 생각했지, 비위생적인 환경과 오염이 문제인 것을 알지 못했습니다.

불이 번지는 것을 막기 위해 부엌을 성 안뜰 한쪽 벽에 두는 경우도 많았습니다. 하지만 이 때문에 조리된 음식은 비바람이나 먼지를 맞으며 연회장까지 옮겨야 했고 그 과정에서 먼지나

벌레가 음식에 섞이는 경우가 많았습니다.

부엌의 노동은 고되고 위험했습니다. 끓는 국물을 옮기다가 큰 솥에 화상을 입는 일이 흔했고 옷에 불이 붙는 사고도 많았습니다. 13세기 프랑스에서는 궁중 요리장이 화상으로 숨지자 왕이 '그는 왕의 식탁을 위해 생을 바쳤다'라는 말과 함께 장례비를 지급했다는 기록도 전해집니다.

음식 재료의 보관 역시 문제였습니다. 고기는 소금에 절이거나 훈제해 두었지만 이는 부패를 늦출 뿐 완전히 막지는 못했습니다. 생선을 신선하게 보관하기 위해 활어 통을 쓰기도 했지만 사용하는 물 자체가 신선하지 않아 금방 썩어 악취를 풍겼습니다.

채소와 과일은 그날그날 소비하지 않으면 곧 시들었고 저장고에는 곰팡이와 쥐가 들끓었습니다. 실제로 영국 링컨셔의 한 성터 발굴에서는, 곡물 저장 항아리 속에서 수백 년 전의 쥐의 뼈와 곰팡이 흔적이 발견되기도 했습니다.

부패한 음식은 장염과 발열을 일으켰고 이는 종종 전염병으로 이어졌습니다. 다음 날 복통에 시달리는 당신 앞에 의사가 나타납니다. 그는 사혈을 권하지만 당신이 거부하자 뜨겁게 달군 돌을 배 위에 올려놓습니다. 당시에는 배가 아프면 이렇게 치료하기도 했습니다. 돌의 무게가 배를 누르는 덕인지 아니면 온기가 전해진 덕인지 계속 화장실을 오가던 중 한 하인이 다가와 말합니다.

“우린 매일 이런 고기를 먹지 않아요. 빵과 콩죽이 훨씬 속에 좋습니다.”

그는 당신을 성 밖 자신의 집으로 초대합니다.

소박한 식탁 위를 위협하던 곰팡이

하인을 따라간 성 밖 마을에서 당신은 전혀 다른 식탁을 마주합니다. 이곳 사람들은 귀족처럼 값비싼 향신료나 사냥한 고기를 먹지 않습니다. 대부분 하루 두 끼만 먹고 그나마도 거친 보리빵과 콩죽, 양배추 수프가 전부일 때가 많습니다.

고기는 축제나 결혼식 같은 특별한 날에만 먹을 수 있고 평소 단백질은 치즈와 버터, 콩이 대신합니다. 맥주는 물보다 안전하다고 여겨 아이부터 어른까지 매일 마시며 채소와 허브는 작은 밭에서 길러 식탁에 올립니다.

여름과 가을에는 수확이 가능해 먹거리가 비교적 풍성했지만 겨울과 이른 봄, 기근의 계절은 서민들에게 혹독한 시기였습니다. 저장된 곡물과 염장 고기는 시간이 지날수록 줄어들었고 남은 식량마저 곰팡이와 쥐 등의 피해를 입기 일쑤였습니다. 1315년에서 1317년의 대기근 시기에는 사람들이 나무껍질을 갈아 밀가루에 섞거나 풀잎으로 빵을 구웠다는 기록이 남아 있습니다.

이런 궁핍 속에서 빵은 생존을 좌우하는 귀중한 식량이었고 따라서 판매되는 빵의 무게와 품질은 법으로 엄격히 규제되었습니다. 그러나 상황이 어려울수록 제빵사들이 빵 무게를 속이는 일은 빈번했습니다. 14세기 런던 시 의회 기록에는 무게를 줄이거나 값싼 곡물과 이물질을 섞어 빵을 만드는 제빵사들이 적발되어 공개 처벌을 받은 사례가 여러 번 등장합니다.

이들은 시장 한복판에서 그들이 속인 빵을 목에 걸고 공개적으로 수치를 당하거나 하루 두 번 빵 한 조각과 물만 주는 감옥에 수일간 수감되었고, 재범일 경우 벌금형이 부과되거나 추방을 당하기도 했습니다.

농민들의 식탁은 소박했지만 1년에 몇 번 찾아오는 축제와 종교 기념일만큼은 사정이 달랐습니다. 부활절이나 추수감사절, 마을 수호성인의 축일에는 평소 아껴 키우던 닭이나 오리를 잡아 푸짐한 국을 끓였고 소금에 절여 두었던 돼지고기를 꺼내 큰 솥에 삶았습니다. 마을 광장 한가운데서는 커다란 빵과 파이, 꿀을 넣은 케이크가 돌려졌습니다.

14세기 프랑스 남부의 한 기록에 따르면 축일 전날에는 온 마을 사람들이 함께 모여 맥주를 빚고 다음 날 교회 미사 후 광장에서 나눠 마셨다고 합니다. 이때는 귀족의 식탁에서나 볼 법한 향신료, 약간의 후추나 사프란도 특별히 허락되었습니다.

유럽 대기근 직후 죽음과 기근의 참상을 그린 삽화

하지만 이 모든 호사도 하루이틀이면 끝이 났습니다. 축제가 지나면 다시 보리빵과 콩죽, 양배추 수프가 그들의 일상이었고 다음 축제를 손꼽아 기다리는 이유도 바로 이 하루의 호사 때문 이었습니다.

사생활이란 존재할 수 없었던 빈약한 벽

며칠간 거친 빵과 콩죽을 먹으며 속을 추스른 당신은 다시 성 안으로 돌아옵니다. 그러나 견디기 힘든 또 다른 불편함이 기다 리고 있었습니다. 바로 끊임없는 소음과 사생활이 없는 생활이 그것입니다.

성은 하루 종일 시끄럽습니다. 새벽 교회 종소리가 아직 잠든 귀를 깨우고 이어 마구간에서는 말 울음소리와 마부의 고함이 터져 나옵니다. 대장간에서는 망치가 쇠를 두드리는 소리가 계 속해서 울려 퍼지고 부엌에서는 커다란 솥을 젓고 칼로 뼈를 쪼 개고 나무 도마 위에 고기를 내려치는 소리가 섞여 끊임없이 귀 를 자극합니다. 좁고 두꺼운 돌벽은 마치 거대한 울림통처럼 메 아리를 반사해 작은 말소리조차도 한층 크게 들렸습니다.

중세 성은 우리가 상상하는 것보다 규모가 매우 작은 경우가 많았고 그 안에서 모든 것이 뒤섞여 있었기 때문에 소음은 더욱

증폭되어 귀를 울렸습니다. 설령 귀족의 방이라 하더라도 지금의 호텔처럼 아늑한 공간은 아니었습니다. 두꺼운 문 하나로 외부와 구분되어 있었지만 문틈과 벽 사이로 복도 소리와 웃음소리가 그대로 스며들었습니다.

당시에도 유리가 있었지만 품질이 조악했고 그나마 매우 귀해서 귀족이라 하더라도 모든 방에 유리로 된 창을 설치하는 경우는 드물었습니다. 대부분의 창은 얇은 천과 나무 덧문만 달려 있어 바람과 소음이 함께 들어왔습니다.

하급 병사나 하인들의 처지는 더 열악했습니다. 14세기 프랑스의 기록에 따르면 성의 하인 숙소는 창고나 마구간 위층에 자리한 경우가 많았고, 한 방에 여럿이 함께 자는 것이 보통이었습니다. 얇은 커튼이나 칸막이도 없이 옆 사람의 숨소리, 코골이, 뒤척임, 심지어 잠꼬대까지 그대로 들어야 했습니다. 따뜻함을 위해 몸을 맞대고 자는 경우도 흔했지만 이는 곧 사생활이 전혀 없음을 의미했습니다.

밤이 되어도 조용함을 기대하기는 어렵습니다. 야경꾼이 성벽을 순찰하는 발소리와 창끝이 부딪히는 금속음이 나고 탑의 파수꾼이 일정 간격으로 호루라기를 불며 이상 없음을 알립니다. 때로는 개 짖는 소리와 먼 곳의 늑대 울음이 성벽 안으로 메아리쳐 들어오기도 합니다. 중세 시대 여행자가 머물 수 있는 곳은 지금처럼 다양하지 않았습니다.

하인의 숙소로도 사용되던 마구간

　도시와 큰 성에는 유료 여관이 있긴 했지만 귀족 전용 객실은 극소수였고 대부분은 상인과 순례자, 하급 관리들이 사용하는 공동 숙소였습니다. 말과 사람이 한 지붕 아래에서 지내는 마구간 겸 여관, 수도원이 운영하는 순례자 숙소, 성벽 근처 병사들이 쓰는 막사 한구석 혹은 부속 건물의 다락방이 그나마 안전한 잠자리였습니다.

　방이라 해도 개인 공간이 아닌 경우가 많았고 짚더미와 담요 한 장, 그리고 화로에서 멀리 떨어진 자리라면 겨울엔 뼈가 시릴 정도로 추웠습니다.

하루도 편히 쉴 수 없었던 잠자리

　부유한 귀족이라도 성의 상황이나 공간 사정에 따라 이러한 임시 숙소를 배정받는 경우가 드물지 않았습니다. 오늘 밤 당신에게 주어진 방도 그랬습니다.

　성문 옆 게이트하우스Gatehouse(성이나 요새 혹은 대저택의 출입구를 보호하기 위해 세워진 강력한 관문)의 가파른 계단을 올라 천장이 낮고 그을음이 잔뜩 낀 다락방에 들어섭니다.

　바닥에는 짚더미 위에 해진 담요 한 장이 덮여 있고 벽 틈새로 바람이 스며듭니다. 아래층 마구간에서는 말이 발굽을 구르는 소리가 진동처럼 울려 올라오고 마구간의 냄새가 공기 속에 진하게 배어 있습니다. 문을 닫자마자 당신은 이곳이 오늘 밤의 안식처라는 사실을 깨닫습니다.

　하루 종일 시장에서 돌아다닌 당신은 피곤한 몸을 침대에 눕힙니다. 하지만 침대조차 완전한 안식을 주지 못합니다. 부유한 사람들은 깃털을 넣은 포근한 매트리스 위에 리넨 시트를 깔고 침대 사방을 커튼으로 둘러 냉기와 시선을 막았습니다. 커튼은 사생활을 지키는 장식이자 돌벽의 틈새 바람을 막는 보온막이었죠. 그러나 이런 사치는 일부 상류층의 방에만 허락된 것이었습니다.

　대부분의 사람들에게 잠자리는 짚을 채운 포대였습니다. 캔

버스 천에 짚이나 왕겨를 채운 이 매트리스는 시간이 지나면 눌려 딱딱해졌고 위생을 위해 주기적으로 속을 갈아 넣어야 했습니다. 밤이 깊어도 불청객은 사라지지 않습니다. 벼룩과 빈대는 신분을 가리지 않았고 깃털 침대든 짚 침대든 틈만 있으면 파고들었습니다.

고대부터 유럽 전역에 퍼져 있던 빈대라는 벌레는 고대 로마시대 기록에도 등장할 만큼 오래된 불청객이었고 중세 유럽에서는 여관이든 가정이든 심지어 귀족의 침실에도 빠짐없이 나타났습니다.

당시 여행자들의 일기에는 밤마다 시트 속에서 벌레가 기어나와 피를 빨았다는 하소연이 자주 보입니다. 빈대는 매트리스 속뿐 아니라 벽, 침대 기둥, 나무 패널 사이에도 숨어 살았기 때문에 아무리 시트를 털고 침대를 두드려도 완전히 없애기는 불가능했습니다.

일부 지역에서는 결혼 지참금 목록에 새 깃털 매트리스가 포함되었는데 이는 결혼 첫날밤만이라도 빈대에게 물리지 않고 편히 자기 위함이었습니다. 그러나 빈대는 며칠이 지나지 않아 어김없이 어디선가 다시 나타났고 이로부터 자유로운 집은 거의 없었습니다.

이제 당신은 거친 양모 담요를 턱까지 끌어 올립니다. 이 담요는 오래되어 표면이 뻣뻣하게 굳었고 양털 뭉치가 군데군데

솟아 있어 목덜미를 찌릅니다.

베개는 헝겊 주머니 속에 왕겨를 채운 것인데 몸을 조금만 움직여도 속의 껍질이 바스락거리며 부서져 뾰족한 감촉이 뺨과 귀를 찌릅니다. 코끝으로는 눅눅한 짚 냄새와 오래된 먼지가 스며들어 숨을 쉴 때마다 목이 간질간질합니다.

매트리스 속 짚은 이미 눌릴 대로 눌려 굳어져 있고 누우면 꼬리뼈와 어깨뼈가 단단한 판자 바닥에 닿는 기분이 듭니다. 옆자리 하인의 코 고는 소리는 낡은 트럭의 엔진 소리 같고 바람은 창문 틈으로 스며들어 촛불을 흔듭니다.

그 불빛 속에서 침대 기둥에 난 홈이 마치 작은 벌레가 꿈틀거리는 듯한 그림자를 드리웁니다. 발목 언저리에서 간질간질한 감각이 올라오지만 이곳에서는 모르는 게 차라리 낫다는 걸 알기에 눈을 감고 잠을 청합니다. 중세의 밤은 그렇게 깊어 갑니다.

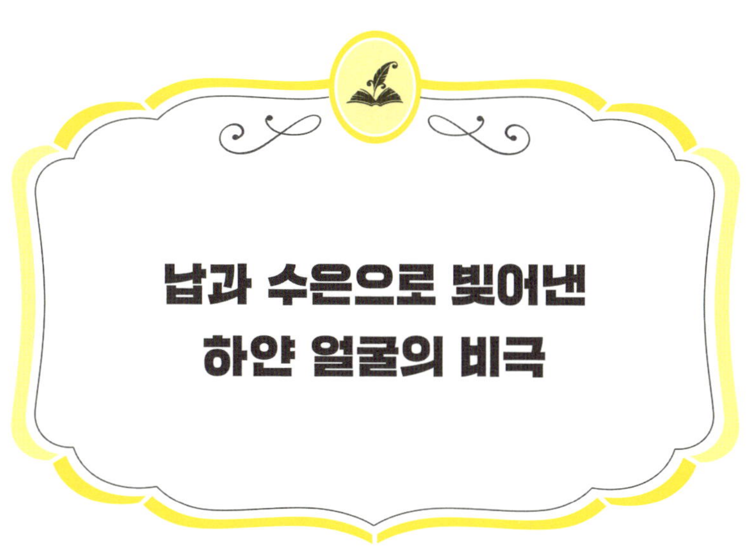

납과 수은으로 빚어낸
하얀 얼굴의 비극

1998년 영화 〈엘리자베스〉에는 여왕이 화장을 마친 뒤 대중 앞에 모습을 드러내는 장면이 등장합니다. 16세기 잉글랜드 귀족 사회에서 이상적인 여성의 얼굴은 창백한 도자기 같은 피부에 와인처럼 붉은 입술을 갖춘 모습이었습니다.

그러나 이 완벽해 보이는 외모는 납과 수은을 반복적으로 얼굴에 덧바른 결과였습니다. 두껍게 화장한 엘리자베스 1세의 피부는 시간이 흐르며 점차 손상되었습니다.

엘리자베스 1세는 평생 결혼하지 않았고, 대영 제국의 기반을 마련한 강인한 여왕으로 기억됩니다. 그러나 화려한 초상화 뒤에는 다른 현실이 있었습니다. 그녀가 사용한 화장품에는 납과

도자기같이 하얀 피부로 그려진 엘리자베스 1세 초상화

수은이 포함된 경우가 많았고, 얼굴을 새하얗게 만드는 데 쓰인 '베네치안 화이트'는 납과 식초를 섞어 만든 혼합물이었습니다. 처음에는 천연두로 인한 흉터를 가리기 위한 목적이었지만, 시간이 갈수록 화장은 더 두꺼워졌고 피부 손상도 심해졌습니다.

납과 수은으로 만들어진 하얀 가면

엘리자베스의 화장은 얼굴을 하얗게 만드는 데서 그치지 않았습니다. 입술에는 시나바(황화수은)에서 추출한 수은 성분이 사용되었습니다. 이는 선명한 붉은색을 구현하는 데 효과적이었지만 인체에는 유해했습니다. 납은 피부 손상과 빈혈, 신경계 이상을 유발할 수 있으며, 수은은 신경계를 침범해 기억력 저하, 우울, 과민 반응 등의 증상을 일으킬 수 있습니다.

엘리자베스 1세가 말년에 기억력 저하와 감정 기복을 보였다는 기록은 존재합니다. 다만 이러한 증상이 실제로 납이나 수은 중독 때문이었는지는 의학적으로 확인할 수 없습니다. 그럼에도 불구하고 피부 상태가 악화될수록 더 많은 화장을 덧바르는 악순환이 이어졌다는 점은 여러 사료에서 언급됩니다. 화장의 두께가 1인치(약 2.5cm)에 달했다는 주장도 전해지지만, 이는 과장된 표현으로 보는 견해도 있습니다.

19세기 독성 물질인 비소를 사용한 로션 광고

당시 귀족 여성들은 매일 화장을 완전히 지우지 않았고, 며칠 간 유지하는 경우도 있었습니다. 화장을 지울 때는 달걀흰자, 백반, 수은 성분이 포함된 혼합물을 사용했다는 기록도 있습니다. 이는 피부를 일시적으로 매끄럽게 보이게 했지만 장기적으로는 손상을 악화시켰을 가능성이 큽니다.

흉터를 감추기 위해 선택한 권력의 상징

엘리자베스가 본격적으로 짙은 화장을 하기 시작한 계기는 1562년 천연두 감염이었습니다. 그녀는 위독한 상태에 빠졌으나 회복했고, 얼굴에는 흉터가 남았습니다. 16세기 군주에게 외모는 단순한 미적 요소가 아니라 권위와 통치의 상징이었습니다. 특히 여성 통치자였던 엘리자베스에게 흉터는 정치적 약점으로 해석될 위험이 있었습니다.

그녀는 흉터를 가리기 위해 화장을 두껍게 올렸고, '처녀 여왕'이라는 이미지를 전략적으로 구축했습니다. 이미지는 초상화에서도 철저히 관리되었습니다. 1596년경에는 여왕의 외모를 왜곡하거나 늙게 묘사한 초상화를 제한하라는 명령이 내려졌다는 기록이 있습니다. 화가들은 실제 얼굴의 노화나 결점을 감춘 채 이상화된 여왕의 얼굴을 반복적으로 재현했습니다. 그 결과 초상화 속 엘리자베스는 점차 실존 인물이라기보다 상징적 존재로 변해 갔습니다.

세월이 흐르며 엘리자베스의 건강은 악화되었습니다. 머리카락이 빠져 가발을 사용했다는 기록이 있으며, 치아 상태도 좋지 않았던 것으로 전해집니다. 당시 상류층은 설탕을 다량 소비했는데, 이는 치아 부식을 가속화했습니다.

말년에 그녀가 깊은 우울감과 신경 쇠약 증세를 보였다는 궁정 기록과 침대에 눕는 것을 거부하고 장시간 서서 지냈다는 증언도 전해집니다.

1603년 3월 24일, 엘리자베스 1세는 세상을 떠났습니다. 공식 사인은 명확히 규정되지 않았으며 폐렴이나 암 가능성이 거론됩니다. 납과 수은 중독이 직접적 사인이었다는 주장은 일부에서 제기되지만 확정된 의학적 결론은 아닙니다.

장례식과 관련해서는 관이 내부 가스로 인해 파열되었다는 이야기가 전해집니다. 이는 시신 부패 과정에서 발생하는 가스가 밀폐된 공간에서 압력을 높일 경우 실제로 발생할 수 있는 현상입니다. 다만 이를 종교적 징벌로 해석한 소문도 동시에 확산되었습니다.

여왕의 얼굴은 상례식에서 가면으로 가려졌다고 전해집니다. 생전 내내 관리되었던 '완벽한 얼굴'은 죽음 이후에도 유지되어야 했으니까요.

납을 이용한 미백 화장은 고대 로마 시대에도 존재했습니다. 그러나 납의 독성이 널리 인식된 것은 훨씬 뒤의 일입니다. 화장품에서 납 사용이 본격적으로 규제된 것은 19세기 후반에서 20세기에 이르러서였습니다.

아름다움을 위해 신체를 희생하는 관습은 여러 문화권에서 반복되었습니다. 중국의 전족, 유럽의 코르셋, 벨라도나 점안 등은 모두 미적 기준을 충족하기 위해 신체에 위험을 감수했던 사례입니다. 엘리자베스 1세의 화장 역시 그 긴 역사 속 한 장면으로 볼 수 있습니다.

외면의 완벽함을 위해 내면의 건강을 감수했던 선택. 그것은 개인의 전략이었을까요, 아니면 시대가 요구한 가면이었을까요?

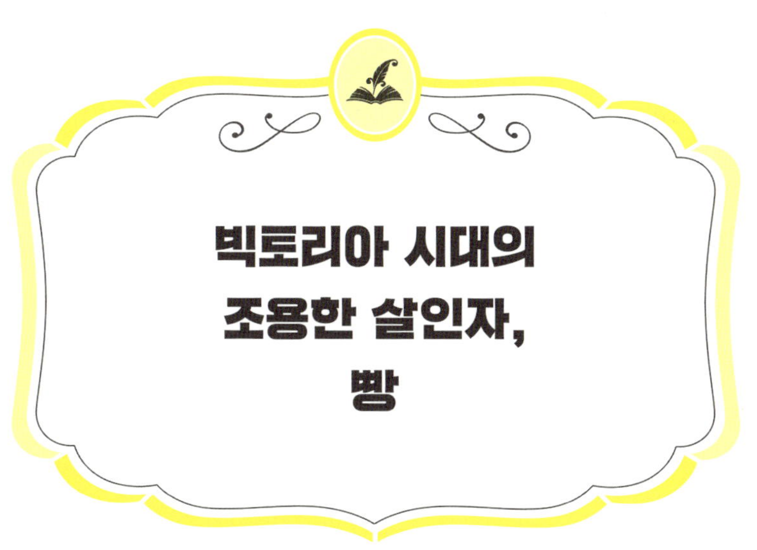

빅토리아 시대 빵에는 밀가루, 이스트, 소금, 설탕 외에도 다양한 재료가 들어갔습니다. 대표적인 것이 명반明礬(황산알루미늄칼륨의 결정물)이었는데요. 반죽에 이걸 넣으면 밀가루가 수분을 더 잘 흡수하게 됩니다. 즉, 반죽 밀가루의 비율을 줄이고 물로 무게를 채울 수 있게 되는 것이었죠. 그 결과 가장 비싼 재료인 밀가루를 아낄 수 있었습니다. 게다가 명반을 넣으면 빵 색이 더 하얗게 보여 당시 사람들이 선호하던 흰 빵을 더욱 희게 보이게 만들 수 있었습니다.

제빵소들이 사용한 또 다른 트릭은 분필의 재료로 쓰이는 탄산칼슘이나 석고를 섞는 것이었습니다. 이들은 밀가루보다 훨씬 저렴했으며 마찬가지로 빵을 더 희게 만들어 주었기 때문에 최소 10% 이상의 비율로 섞는 일이 흔했다고 합니다.

당시 밀가루 한 자루의 가격은 초급 제빵사 일주일치 급여의 다섯 배에 달했으며, 하루에 아무리 적게 써도 두세 자루는 기본으로 소모해야 했던 점을 감안하면 이런 유혹을 떨치기는 쉽지 않았습니다.

이 밀가루로 만들어진 빵의 맛은 과연 어땠을까요? 그때 빵을 만들던 방법들을 재현해 본 사람들에 따르면 시금한 맛과 상한 맛, 약한 탄산 맛이 뒤섞인 역겨운 풍미였다고 합니다.

그러나 당시 사람들은 그런 맛이 문제 있는 재료에서 비롯된 것이라는 사실을 인식하지 못했을 가능성이 큽니다. 왜냐하면 대부분의 도시 사람들은 순수한 밀가루로 만든 빵을 접해볼 기회 자체가 거의 없었기 때문입니다. 당시 밀가루를 공급하던 제분소들 역시 이미 석고와 명반 등을 섞어 밀가루를 제조했고, 제빵업자들이 정직하다고 해도 그런 밀가루를 이용해 만들어진 빵은 그런 맛이 날 수밖에 없었던 것이죠.

더 양심 없는 제분업자들은 상한 콩가루, 심지어는 소나 양의 뼈까지 갈아 넣어 원가를 절감했습니다. 명반은 장기 섭취 시 위장과 신경계를 손상시킬 수 있으며, 석고는 분말 형태로 흡입되었을 때 폐 질환을 유발할 수 있습니다. 위생적으로 처리되지 않은 뼛가루는 각종 병원균의 감염 위험을 높였고 이는 특히 어린

아이들에게 치명적이었습니다. 물론 성인에게도 장기적으로 건강에 큰 해를 끼칠 수 있는 재료들이었습니다.

조용한 살인자, 하얀 빵

1841년 기준으로 당시 영국인의 평균 수명은 남성 41세, 여성 43세 정도에 불과했습니다. 명확한 인과 관계를 단정할 수는 없지만 하루 영양 섭취의 50~70%를 빵에 의존했던 서민과 노동자 계층에게 이런 방식으로 만들어진 빵은 조용한 살인자처럼 건강을 서서히 해치는 요인이 되었을 가능성이 큽니다.

1851년부터 1855년 사이, 영국의 저명한 의학 저널 〈더 랜싯〉에서 런던을 중심으로 시중 식품의 불순물 첨가 실태를 대대적으로 조사하면서 이러한 사실이 드러나게 되었는데요. 이 결과를 놓고 〈더 랜싯〉은 빵은 더 이상 식량이 아니라 저급한 혼합물이라며 강하게 비판했습니다. 그리고 이는 1860년 세계 최초의 식품안전법을 제정하게 되는 계기가 되었습니다.

당시 제빵사들은 어떤 하루를 보냈을까요? 1850년 어느 날 당신은 이제 견습 제빵사가 되어 런던의 한 지하 제빵소에 출근한다고 가정하겠습니다.

당신의 하루는 밤 11시, 도시가 깊은 잠에 빠졌을 무렵 시작

빅토리아 시대의 제빵 공장

됩니다. 제빵소는 이제 막 하루를 준비하기 시작했고 당신이 맡은 첫 번째 일은 오븐에 석탄을 퍼 나르는 일이었습니다. 숨을 쉴 때마다 석탄 먼지가 폐 속 깊이 스며들고 뜨거운 화덕 옆에 서자마자 등줄기를 타고 땀이 흘러내립니다. 석탄에 불을 붙이고 오븐이 예열되는 동안 본격적인 반죽 작업에 들어갑니다.

낮 동안 반장이 미리 준비해 둔 스펀지라 불리는 발효 반죽 기초에 밀가루와 물을 더해, 당신은 거대한 반죽 통 안에서 손으로 반죽을 시작합니다. 한 자루에 127kg이나 되는 밀가루는 무게부터 만만치 않습니다. 진흙처럼 무겁고 질척한 반죽은 손에 감겨오고 얼마 지나지 않아 손목이 저려옵니다.

당신의 동료들은 맨발로 반죽기에 올라갑니다. 그러나 더러운 발들이 반죽 위를 걸으며 치대는 것을 보고는 당신은 힘들더라도 그냥 손으로만 반죽하기로 합니다.

잠시도 쉴 틈이 없습니다. 작업장 공기에는 밀가루뿐 아니라 천식과 폐 질환을 유발하는 각종 미세 먼지가 가득합니다. 반죽하는 동안 코와 목이 점점 메어 오고, 허리를 굽힌 자세로 장시간 일하다 보면 등과 무릎에 통증이 몰려옵니다. 습기와 열기로 옷은 금세 젖어 들고 동료들을 힐끔 보니 그들의 땀이 반죽 위로 줄줄 떨어지고 있습니다.

하지만 밤은 아직도 한참 남았습니다. 일부 제빵소 주인들은 아예 문을 잠가 직원들이 밤 동안 밖으로 나가지 못하도록 막아 두기도 했습니다. 제빵소는 엄격한 위계질서로 운영되었습니다. 반장 아래 2등, 3등 제빵사가 있고 그 밑에 견습생인 당신이 있습니다. 당신의 임금은 반장의 4분의 1밖에 되지 않지만 가장 고되고 힘든 일은 대부분 당신의 몫입니다.

지하 작업장에서 땀과 눈물로 빚어낸 하루

앞서 언급한 것처럼 반죽에는 밀가루 외 명반, 싸구려 콩가루, 석고 가루 등이 들어갑니다. 이 재료를 배합하는 것은 선임 제빵사의 역할입니다.

당신의 손등엔 작은 상처가 나 있었는데 반죽을 하던 중 점점 화끈거리는 통증이 느껴집니다. 명반이 묻은 손으로 계속 만진

탓인지 작은 상처가 빠르게 악화되고 있습니다. 당신은 문득 깨닫습니다. 이곳은 단순히 더럽고 힘든 직장이 아니라 몸을 서서히 망가뜨리는 곳이라는 사실을요.

밤샘 작업 중 휴식 시간은 거의 없습니다. 반죽이 숙성되는 동안 선임 제빵사는 바닥 한편 쥐와 바퀴벌레, 먼지 가득한 구석에서 잠시 눈을 붙입니다. 그러나 당신은 그동안 어질러진 작업장을 정리해야 합니다. 어느덧 새벽 3시, 석탄으로 달군 오븐은 적절한 온도에 도달했고 이제 반죽을 나누어 굽는 일이 시작됩니다.

밀가루 한 자루로는 약 90개의 빵을 만들 수 있습니다. 요즘의 식빵보다 크고 묵직한 사각형 덩어리는 개당 8펜스에 팔렸고 이는 당시 노동자의 하루 임금의 3분의 1에 해당하는 가격이었습니다.

시계가 새벽 5시를 가리키지만 아직 일은 끝나지 않았습니다. 이번에는 우유와 달걀, 크림이 들어간 고급 롤빵을 만들 차례입니다. 살짝 달콤하고 아침에 갓 구워낸 이 빵은 가격은 높지만 중산층 고객들에게 인기가 많습니다.

해는 한참 전에 떠올랐지만 아직 집에 가려면 멀었습니다. 이제는 고객들에게 빵을 배달해야 합니다. 1870년대까지만 해도 제빵사들이 자신의 가게에서 빵을 직접 파는 일은 드물었습니다. 빵 배달은 공장 노동자들이 점심시간을 넘길 무렵에야 마무

제빵소에서 일하며 빵을 배달하던 소년과 손수레

리되었고, 그렇게 14시간의 고된 하루를 보낸 뒤에야 당신은 집으로 향할 수 있었습니다.

18세기 중반 시작된 산업혁명 이후 런던을 비롯한 도시들은 급격한 인구 증가를 겪었습니다. 농촌을 떠나 일자리를 찾아보려던 사람들은 공장 노동자가 되어 도시를 채워갔고, 이로 인해 식량 수요 역시 폭발적으로 증가했습니다. 가진 것 없이 도시로 들어온 이들은 대부분 가족 단위로 좁은 방 한 칸에서 살았으며, 부엌이 없거나 조리 도구조차 제대로 갖추지 못한 경우가 많았

49

습니다.

주방이 있어도 제대로 요리를 하긴 어려웠고 대부분의 노동자들은 집에서 식사를 준비하는 대신 구운 빵이나 값싼 기성 식품을 사서 먹는 것이 일반적이었습니다. 하루 세끼를 빵과 차, 때로는 버터나 약간의 설탕만으로 해결하는 일이 흔했고, 고기나 채소는 거의 사치품에 가까웠습니다. 이렇게 빵은 노동자 계층에게 가장 저렴하면서도 필수적인 생존 식량이 되었고 수요는 해마다 늘어만 갔습니다.

실제로 빅토리아 시대 중반, 빵의 생산량은 산업혁명 초기보다 최대 다섯 배 이상 늘어났다고 합니다. 하지만 문제는 이처럼 늘어난 수요를 감당해야 할 제빵업계가 기계화에는 극히 소극적이었다는 점입니다.

이미 1850년대에는 자동 반죽기, 스팀 오븐, 롤러 제분기 같은 장비들이 개발되어 일부 대형 제빵소에서 사용되고 있었지만 대부분의 중소 제빵소는 여전히 전통적인 수작업 방식에 의존하고 있었습니다.

왜 그랬을까요? 이유는 간단합니다. 인건비가 너무 쌌기 때문입니다. 당시 런던에는 14,000명의 제빵사가 일자리를 두고 경쟁하고 있었고, 진입 장벽이 낮아 견습생이 끊임없이 유입됐습니다. 하루 14시간에서 많게는 18시간까지 일하면서도 이들이 받는 임금은 일반 공장 노동자들보다도 낮은 수준이었습니다.

그렇다면 차라리 공장에 가서 일하지 왜 이렇게 힘든 제빵 일을 택했을까요? 그 이유도 현실적입니다. 당시 많은 제빵사는 숙식을 함께 제공하는 기숙형 일자리를 얻기 위해 이 업계를 택했습니다. 급여는 적지만 잠잘 곳과 끼니가 제공된다는 것은 빈민층 노동자들에겐 큰 메리트였습니다.

또 기술을 배우면 언젠가 자신의 가게를 차릴 수 있다는 희망적인 착각도 견습생들을 끌어들였습니다. 하지만 대부분의 경우 제빵사의 수입은 하루 벌어 하루 살기에도 빠듯했기에 돈을 모아 독립할 자본을 축적하는 것은 꿈같은 일이었고, 결국 낮은 임금의 악순환에 갇힌 채 고된 밤샘 노동을 이어가야 했습니다.

자유 무역과 기술이 가져온 위생 혁명

19세기 빅토리아 시대의 제빵소는 왜 대부분 지하에 있었을까요? 당연한 질문이지만 임대료를 줄이기 위해서였습니다. 제빵업은 진입 장벽이 낮아 약간의 자본만 있으면 시작할 수 있었고, 그만큼 경쟁도 치열했습니다. 이는 곧 마진이 적다는 뜻이었기에 사업주 입장에서는 필사적으로 원가를 줄여야 했습니다.

환기 시설도 없이 밀폐된 그곳의 한편에는 석탄이 쌓여 있었으며, 이 석탄 먼지와 석탄이 타면서 발생하는 유독 가스와 재가 항상 공기 중에 가득했습니다.

여기서 반죽을 할 때마다 밀가루 먼지, 석고, 명반 가루 역시 날아다녔습니다. 더군다나 도심 오래된 건물 특유의 곰팡내와 매캐한 지하실 먼지까지 더해지면 그야말로 공기 반 먼지 반의 상태가 되었습니다.

이렇게 혹독한 환경에서 제빵사들은 쉴 틈 없이 일해야 했고, 그들의 폐는 서서히 망가져 갔습니다. 실제로 당시 어떤 위생 보고시에 따르면 런던의 제빵사 111명을 조사했더니 그중 108명이 폐 질환을 앓고 있었는데 이들 중 대부분은 천식, 만성 기침, 심한 경우 피를 토하는 증상에 시달렸다고 합니다. 그리고 당시 제빵사의 평균 은퇴 연령은 35세를 넘기지 못했습니다.

빅토리아 시대 제빵사들을 묘사한 판화

영국에는 한때 '곡물법'이라는 것이 있었는데, 영국 농민을 보호하기 위해 수입 농산물에 높은 관세를 부과하는 것이었습니다. 그러나 1846년에 이 법이 폐지되면서 1860년대가 되자 미국과 캐나다에서 품질 좋은 밀가루가 본격적으로 영국으로 수입되기 시작합니다. 이로 인해 밀가루 가격이 크게 떨어졌고 업자들은 더 이상 몸에 해로운 불순물을 섞을 필요가 없어졌죠.

여기에 또 하나의 결정적인 변화가 뒤따랐습니다. 설탕은 과거 상류층만이 즐길 수 있는 고가의 재료였지만 19세기 중반 이후 유럽 전역에서는 설탕 생산이 폭발적으로 늘어났고, 설탕은 더 이상 귀한 사치품이 아닌 서민도 손쉽게 쓸 수 있는 재료가 되었습니다. 이처럼 값싸진 밀가루와 설탕은 제빵업에도 커다란 변화를 불러왔습니다.

빵이 단순히 배를 채우는 식량에서 점차 달콤한 맛과 다채로운 재료를 활용한 다양한 제품들로 진화하기 시작했고, 제빵사에게 요구되는 기술도 달라졌습니다. 더 이상 가격이나 양으로만 경쟁하는 시대는 지나가고 이제는 섬세한 맛과 눈을 사로잡는 아름다운 빵을 만들어내는 능력이 중요해진 것이죠. 이러한 변화 속에서 제빵업계에도 점점 기계의 도입과 자동화가 이루어지기 시작합니다.

1850년대 이후 개발된 자동 반죽기, 롤러밀, 스팀 오븐, 가스 오븐 등의 장비는 점차 중소형 제빵소로도 천천히 확산되었습니다. 반죽은 이제 더러운 발이 아니라 기계가 젓기 시작했고, 굽는 온도는 장인의 감각이 아니라 온도 조절 다이얼이 대신하게 되었습니다.

이 시절의 이야기를 알게 되면 먹고 싶은 것을 언제든 손쉽게 구할 수 있고, 위생과 안전을 걱정하지 않아도 되는 오늘날의 삶에 새삼 감사하게 됩니다.

150년 전만 해도 누군가가 고통스럽게 밤을 새우며 일하고 그 몸에서 흘러내린 땀이 섞인 빵을 먹던 사람들. 그 빵을 가속에게 먹이기 위해 공장에서 하루 16시간을 쉬지 않고 일하고, 그런 일자리에서 밀려난 사람들은 구걸이나 범죄를 선택할 수밖에 없었던 시대. 그런 시대는 인류 문명에서 대부분을 차지하는 기간이었습니다.

그러나 그 시절의 어둠이 아직 완전히 사라지지는 않았습니다. 식재료에 먹어서는 안 될 것을 넣는 유통업자들, 위생 관념 없이 음식을 만드는 사람들, 노동 착취로 돈을 버는 사업가들, 그리고 이 모든 것을 알면서도 묵인하는 정치인들. 이런 사람들은 오늘날에도 존재한다고 생각합니다. 여러분의 생각은 어떤가요?

거대한 드레스에 갇힌 여자들

영국의 빅토리아 여왕이 재임했던 1837년부터 1901년까지를 빅토리아 시대라고 합니다. 이 시기에는 영국뿐 아니라 유럽 전반에서 놀라운 발전과 변화가 있었습니다.

산업혁명으로 기술이 눈부시게 발전했고, 이 기술을 바탕으로 유럽 각국은 식민지 확보에 열을 올렸습니다. 세상은 빠르게 변하고 있었고, 식민지에서 유입되는 자원은 도시의 성장과 경제의 발전을 이끌었습니다.

이에 따라 새로운 패션 트렌드도 빠르게 번져나갔습니다. 특히 여성들의 삶을 완전히 바꿔 놓은 하나의 발명품이 있었습니다. 바로 1856년 프랑스의 R. C. 밀리에가 고안한 크리놀린 드레스입니다.

철제 와이어와 여러 겹의 천이 만들어내는 풍성한 실루엣으로 마치 공주처럼 우아해 보이는 이 드레스는 나오자마자 폭발적인 인기를 얻게 되었습니다. 모든 잡지는 이 드레스를 소개했고 사람들은 열광했습니다.

왕족이 먼저 입었고 상류층이 따라 했으며, 이어서 중산층은 물론 공장 노동자까지 모든 여성이 이 새로운 드레스에 매료되었습니다. 하지만 보기에는 아름답고 우아한 이 드레스는 사실 매우 불편하고 위험하기까지 했으며, 때로는 목숨마저 위협했습니다.

우아함 뒤에 숨겨진 비극

1858년 런던, 한껏 부풀린 크리놀린 드레스를 입고 길을 걷던 한 여성은 작은 화로에서 튀어 오른 불꽃에 치맛자락이 닿는 순간 순식간에 전신이 불길에 휩싸였습니다.

구조를 지탱하던 금속 프레임은 오히려 그녀의 탈출을 막았고, 이 비극적인 죽음은 당시 사회에 큰 충격을 안겼습니다. 그뿐 아니라 당시 대중교통이었던 마차나 트램, 혼잡한 시장과 상점, 좁은 문 하나조차 이 드레스를 입은 여성들에겐 장애물이 되

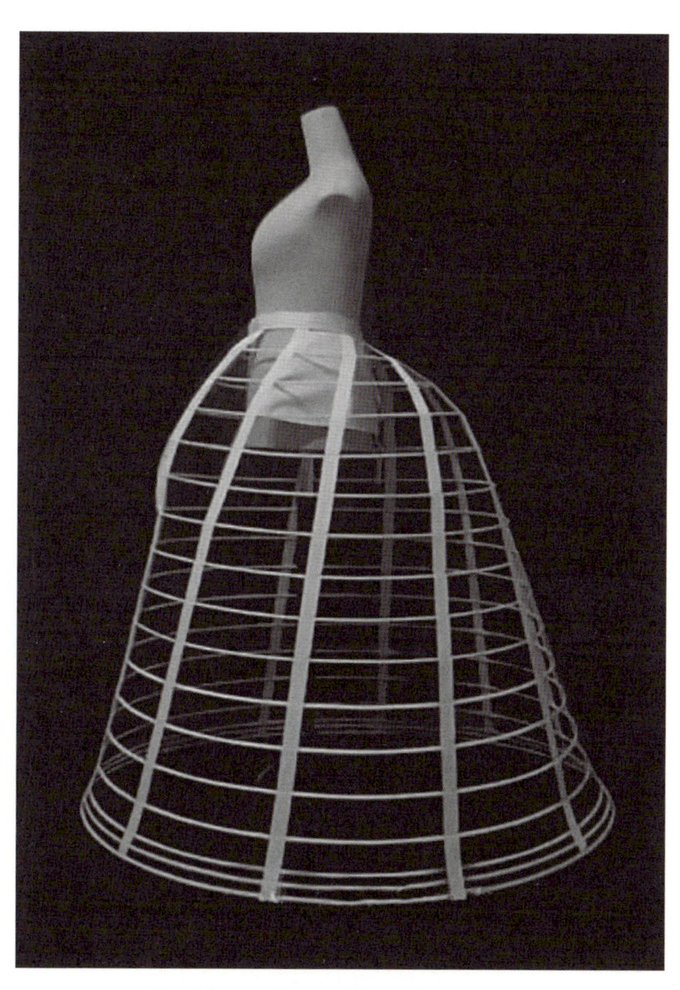

빅토리아 시대에 유행한 크리놀린 드레스

기 일쑤였습니다.

그럼에도 불구하고 크리놀린 드레스는 우아함과 지위, 여성의 상징으로 프랑스와 영국뿐만 아니라 서구 사회 전역을 휩쓸었습니다. 그런데 여기서 떠오르는 질문이 하나 있습니다. 이렇게 거대한 드레스를 입고 여성들은 과연 화장실을 어떻게 이용했을까요?

빅토리아 시대 초반, 오늘날 우리가 당연하게 생각하는 하수도 시스템이나 수세식 화장실은 거의 존재하지 않았습니다. 아주 부유한 저택이나 성이 아니고서야 집 안에 화장실을 두는 것은 상상조차 할 수 없는 일이었습니다.

도시에 사는 사람들은 거리 곳곳에 마련된 공용 화장실을 이용하거나 집 안에서 요강을 사용했습니다. 시골에서는 더 원시적이었는데, 넓은 들판이나 나무 뒤에서 볼일을 해결하는 것이 일반적이었습니다.

당시의 공용 화장실은 지금 우리가 생각하는 시설과는 거리가 멀었습니다. 여러분이 만약 빅토리아 시대 도시에 사는 평범한 시민이었다면 공용 화장실은 아마도 절대 가고 싶지 않은 장소였을 겁니다. 한 개의 화장실을 수십에서 많게는 수백 명이 함께 사용했으며, 위치도 집에서 멀리 떨어져 있는 경우가 많았습니다.

특히 추운 겨울밤, 화장실을 가기 위해 어두운 거리를 걷는 것은 괴롭고 위험한 일이었습니다. 더욱이 공용 화장실은 대개 관리 상태가 엉망이라 배설물이 제때 치워지지 않았고, 악취가 진동하며 벌레가 들끓는 곳이 대부분이었습니다.

게다가 사용할 때마다 1페니 정도의 요금을 내야 했는데요. 이 때문에 당시 공중화장실을 '페니 토일렛'이라고 불렀으며, 지금도 영국식 영어에서는 '스펜드 어 페니Spend a penny'라는 표현이 '화장실을 사용하다'라는 뜻으로 남아 있습니다.

참고로 1페니는 작은 빵 한 덩어리, 거리 음식 한 조각 혹은 신문 한 부 정도를 살 수 있는 돈이었으니, 가난한 사람들에게는 부담이 될 수도 있는 금액이었습니다. 그렇기에 대부분의 가정에서는 요강을 사용했고, 공용 화장실은 여행자나 노점상, 시장, 극장, 공원 등을 방문한 사람들이 주로 이용했습니다.

거대한 드레스 아래에 감춘 것들

그렇다면 요강에 담긴 대소변은 어디로 갔을까요? 시골에서는 그나마 들판이나 나무 뒤에 버릴 수 있었지만 도시는 사정이 달랐습니다. 가장 흔한 방법은 가까운 강이나 하수구에 쏟아버리는 것이었지만, 당시 하수 시설이 제대로 갖춰진 곳은 극히 일부였고 매일 강까지 가는 것은 너무 번거로웠습니다.

가장 쉬운 방법은 거리에 그냥 내다 버리는 것이었습니다. 특히 2층이나 3층에 사는 사람들은 창문을 통해 그대로 쏟아버렸는데, 이때 '물을 조심하세요'라는 뜻의 '가르디 루Gardy loo'를 외쳤습니다. 하지만 조심하라는 경고가 무색하게 길을 걷다가 갑자기 머리 위로 배설물이 쏟아지는 일도 흔했습니다.

도시는 온통 악취로 가득했고, 바닥은 오물로 뒤덮였습니다. 길을 걷다 보면 신발뿐만 아니라 바지나 치마까지 쉽게 더러워졌습니다. 일부 학자들은 빅토리아 시대 우산과 하이힐이 유행

가정용 오물이나 하수를 거리로 던지기 전에 '가르디 루'를 외치는 모습

했던 이유도 바로 이런 환경 때문이라고 설명합니다. 우산은 하늘에서 떨어지는 오물을 막기 위해, 하이힐은 더러운 바닥에서 최대한 옷을 보호하기 위해 발달했다는 것입니다.

크리놀린 드레스는 여러 겹의 옷으로 이루어져 있었습니다. 먼저 '슈미즈'라고 하는 리넨이나 면으로 만든 긴 속옷을 입고 코르셋을 착용한 뒤, 철사 등으로 만든 크리놀린 프레임을 착용합니다. 그 위로 여러 겹의 '페티코트', 즉 속치마를 착용하였습니다. 그리고 마지막으로 '오버스커트'와 상의인 '보디스'로 구성되었는데, 이렇게 많은 천을 겹쳐 입었기 때문에 초창기에는 속옷을 입지 않았습니다.

그러나 풍성한 드레스 때문에 바람에 맞아 넘어지는 일이 종종 발생하자 빅토리아 시대 후기에 이르러서는 점차 속옷을 입는 일이 많아졌습니다. 용변은 크리놀린 안쪽으로 요강을 넣거나 바닥이나 의자에 올려놓고 그 위에 쪼그리고 걸터앉는 방식으로 해결했는데, 당시 드레스의 구조상 용변을 보기에 불편했기 때문에 속옷 역시 이러한 상황에 맞게 실용적으로 디자인되었습니다.

속옷은 다리를 벌릴 때 자연스럽게 열리는 구조였고, 이를 통해 요강 위에 앉아 볼일을 해결할 수 있었습니다. 그래서 특히 여성들이 사용하는 요강은 타원형이나 길쭉한 형태로 만들어져 다리 사이로 넣기 편하게 만들어졌습니다.

무도회나 만찬, 티 파티 또는 극장 등의 경우에는 대개 특별히 마련된 용무실이 있었는데, 이곳에는 여러 개의 요강과 도움을 주는 하녀들이 있었습니다. 드레스의 복잡한 구조 때문에 하녀의 도움이 필요했으며, 그 외에도 위생 처리를 도와주는 서비스를 제공하기도 했습니다.

남성들의 경우에는 무도회나 만찬 중에 정원으로 나가 해결을 하는 게 일반적이었습니다. 이 시절에는 용변을 볼 때 프라이버시라는 개념이 없었습니다. 대부분의 평민은 집에 별도의 화장실이 없었기 때문에 가족들 앞에서 용변을 보는 일이 흔했습니다. 서구 사회에서는 비교적 최근까지도 개인 화장실이 일반화되지 않았습니다.

중산층 이상의 가정에서는 20세기 초반부터 조금씩 집 안에 화장실을 갖추기 시작했지만, 서민들의 집에 본격적으로 화장실이 도입된 것은 제2차 세계대전이 끝나고 경제가 회복되어 주택 건설이 대규모로 이루어진 1950년대 무렵이었습니다.

빅토리아 시대 초기에는 화장지가 없었기 때문에 낡은 신문지, 나뭇잎, 옥수수 껍질 등이 이용되었는데, 그중에서도 뒤처리 도구로 말린 옥수수 속대가 많이 사용되었습니다.

또 손잡이를 단 해면도 사용되었습니다. 해면은 바다 동물의 일종인데 옛날부터 스펀지로 사용해 온 것으로 만화 〈스펀지밥〉은 바로 이 해면을 의인화한 것입니다. 해면을 사용한 후에

1857년에 미국에서 발명된 최초의 상용 휴지

는 소금물이나 식초를 섞은 물로 세척해 다시 사용했습니다.

지금 기준으로는 어떻게 저렇게 사나 싶지만, 그래도 초기 인류가 뒤처리에 사용했던 돌, 흙, 점토, 나뭇잎이나 짚 등에 비하면 훨씬 나아진 것이었습니다.

이후 종이가 점차 대중화되면서 신문, 카탈로그, 잡지 등을 사용하기 시작했습니다. 화장지 관련 특허는 1800년대 후반에 등장했지만, 우리가 아는 형태의 대량 생산된 화장지는 1900년대 초반이 되어서야 등장했습니다. 여성 위생용품 역시 현대와는 달리 재사용이 가능한 형태가 일반적이었습니다.

움직이는 개인 창고가 된 드레스

크리놀린 드레스는 풍성하고 부피가 클수록 우아해 보였으며 인기가 많았습니다. 그리고 이 드레스의 구조를 활용한 기상천외한 사건들도 꽤 많이 기록으로 남아 있는데요. 대표적인 사례는 바로 물건을 숨기는 데 사용되었다는 것입니다.

당시 상점이나 시장에서는 도난 방지용 감시 체계가 거의 없었고, 부풀린 치마 아래 물건 몇 개쯤 숨겨도 외관상 전혀 티가 나지 않았기 때문에 몇몇 여성들은 드레스 속에 치즈, 과일, 설탕, 심지어 은식기까지 몰래 숨겨서 빠져나오는 데 성공하기도 했습니다.

실제로 1880년대 뉴욕에서는 한 여성이 드레스 안에 살아 있는 칠면조 한 마리를 통째로 숨기고 달아나려다 붙잡힌 사건도 있었습니다. 상점 주인은 이상함을 느끼고 뒤쫓았고, 여성은 도망치던 도중 치맛자락에서 칠면조가 뛰쳐나왔다고 하는데, 이 황당한 장면은 당시 신문에 '치마 속에 추수감사절'이라는 제목으로 실리기도 했습니다.

또 다른 기록에서는 1874년 런던의 한 극장에서 어떤 여성이 친구들과 몰래 마시려고 드레스 속에 위스키 여러 병을 감추었는데, 들어가던 도중에 한 병에서 위스키가 새어 나왔고 극장 입구는 온통 술 냄새로 가득하게 되었습니다. 관리인은 즉시 흘러

크리놀린 드레스로 다양한 물건을 밀수하던 세태를 풍자한 삽화

내린 술을 따라갔고, 이 여성은 덜미를 잡혔다고 합니다.

애완동물을 숨긴 일도 있었습니다. 19세기 후반 웨일스의 한 귀부인은 크리놀린 드레스 안쪽에 작은 포메라니안 강아지를 데리고 무도회에 참석했다가 음악이 커지자 강아지가 갑자기 짖으며 뛰쳐나왔고, 무도회장은 엉망이 되었으며, 이 사건은 신문에도 실렸는데 망신을 당한 이 귀부인은 다시는 무도회에 참석할 수 없었다고 합니다. 이처럼 드레스 속은 움직이는 개인 창고이자 프라이버시와 호기심, 범죄까지도 숨어 있는 재밌는 장소였습니다.

당시 크리놀린 드레스와 같은 실크나 벨벳 소재의 옷은 세탁이 매우 어려워 1년에 고작 한 번 정도만 세탁할 수 있었습니다. 이렇게 세탁을 하는 날을 '더 그레이트 워시The great wash'라고 부르기도 했는데, 오늘날처럼 상하수도 시설이 없던 시절이라 물세탁을 하는 경우는 거의 없었고 보통은 '탈크Talc'라고 불리는 활석 가루를 옷에 뿌린 뒤 브러시로 털어내는 방식으로 옷에 배인 냄새를 제거했습니다. 이렇게 하면 몸에서 나온 냄새는 제거되고 탈크의 냄새가 남았습니다.

옷을 입지 않을 때는 삼나무로 만든 옷장에 걸어누거나 삼나무 상자에 접어서 보관했는데, 이는 특히 나방 같은 벌레로부터 옷을 보호하기 위한 방법이었습니다. 옷이 지금처럼 흔치 않았던 이 시기에는 옷이 해질 때까지 입거나 악취가 심해져 더 이상 입을 수 없을 정도가 될 때까지 사용되었습니다.

한편 드레스 속에 착용하는 여러 겹의 옷들, 즉 슈미즈, 속치마, 후프, 스커트 등은 강한 비누와 물로 손세탁이 가능해 상대적으로 더 자주 세탁할 수 있었습니다.

오늘날 웨딩드레스의 우아한 실루엣과 풍성한 스커트는 크리놀린 드레스가 남긴 유산 중 하나입니다. 그뿐 아니라 하이패션 런웨이에서 볼 수 있는 과장된 볼륨감과 화려한 스커트 라인, 독창적인 실루엣의 의상들 속에서 크리놀린의 흔적을 발견하게 됩니다.

빅토리아 시대 여성들이 불편함을 감수하며 추구했던 아름다움은 단순히 과거로 끝나지 않았습니다. 크리놀린은 그들의 열정과 개성을 상징하는 아이콘으로 오늘날에도 우아함과 혁신의 정신으로 살아 있습니다. 그리고 그 영향은 영화, 드라마, 애니메이션, 공연, 하이패션, 그리고 각종 문화 콘텐츠 속에서 다양하게 이어지고 있습니다. 그 시대를 살았던 여성들의 개성은 여전히 이렇게 우리 곁에 살아 숨 쉬고 있습니다.

PART 2

위험한 도시에서 살아남기

"길을 걷는 것조차 모험이었던 도시,
지독한 가난과 속임수를 뚫고 살아남다"

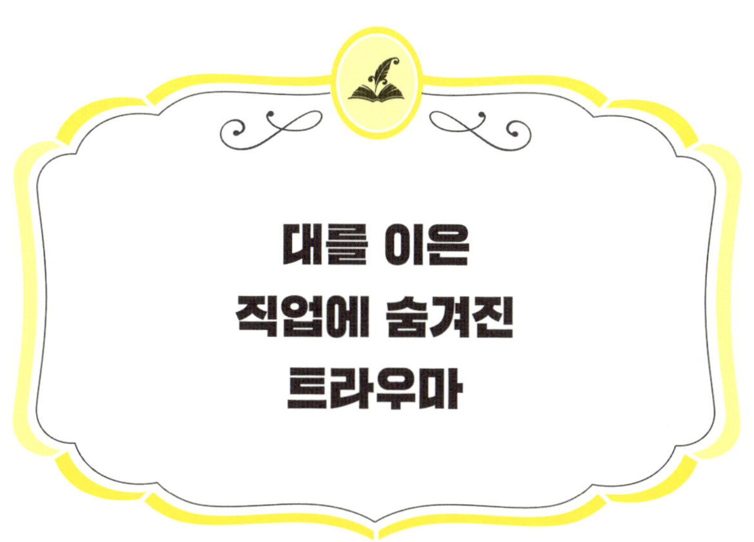

대를 이은
직업에 숨겨진
트라우마

여러분이 만약 중세나 근세 유럽에서 다시 태어난다면 어떤 직업을 가지게 될지 상상해 본 적 있나요? 왕족이나 귀족 또는 멋진 갑옷을 입은 기사가 되고 싶을지도 모릅니다.

그러나 현실적으로 중세의 인구 구조를 감안하면 그럴 가능성은 매우 낮습니다. 아마도 부모님의 직업을 이어받아 농부, 제빵사, 목수 혹은 집사 등이 되었을 가능성이 큽니다.

그러나 부모님의 직업을 물려받고 싶지 않다면 직접 직업을 고를 수도 있을 텐데, 지금부터 소개할 일곱 가지 직업만큼은 절대 선택하고 싶지 않을 것입니다. 왜냐하면 이 직업들은 상상을 초월할 만큼 힘들고 위험하며 끔찍한 후유증까지 남기기 때문입니다.

요즘같이 섬유 산업이 발달하지 않았던 중세에 가죽은 각종 의류 제작의 필수적인 소재였습니다. 따라서 가죽을 다루고 가공하는 일은 매우 중요한 일이었습니다. 그러나 돈을 많이 벌 수 있다는 소문에 이 직업을 선택한다면 곧 후회하게 될지도 모릅니다.

가죽을 다루기 위해 가장 먼저 해야 할 일은 도살장에서 소, 양, 염소, 돼지 등 가축의 가죽을 받아오는 것입니다. 이렇게 받아온 가죽은 피로 얼룩져 있거나 뿔이나 발굽이 붙어 있을 수도 있기 때문에 먼저 우물이나 강에서 깨끗이 세척해야 합니다.

세척이 끝나면 털을 제거하기 위해 모아둔 소변 통에 가죽을 며칠 동안 담가 털을 부드럽게 만들고 쉽게 벗겨낼 수 있도록 기다려야 합니다. 때로는 털이 소변 통에서 썩도록 방치하기도 했습니다.

훗날 석회수나 잿물을 사용하는 방법이 개발될 때까지는 계속해서 소변과 가죽이 부패되는 냄새를 견디며 작업해야 했습니다. 그런 다음 털이 부패되거나 부드러워지면 가죽을 나무로 된 평상에 펼쳐 놓고 털과 잔여물을 꼼꼼히 제거합니다.

이제 털이 정리된 가죽은 태닝, 즉 무두질 과정을 거칩니다. 부패를 방지하고 내구성과 보존성을 높이기 위해 참나무나 밤나무 껍질에서 추출한 용액에 가죽을 몇 주에서 몇 달 동안 담가둡니다.

이 과정에서도 소변이 사용되었고 더 부드럽고 유연한 가죽을 만들기 위해 동물성 지방을 활용하기도 했습니다. 태닝이 끝

통 안에 들어가 짐승의 가죽을 밟고 있는 무두장이

난 가죽은 천천히 건조시키되 가죽이 딱딱하게 굳지 않도록 손으로 계속 문질러 주어야 합니다.

몇 달 동안 이 과정을 거치다 보면 지독한 냄새와 독한 액체, 그리고 열악한 작업 환경에 질릴 것입니다. 게다가 이 고생을 해도 동료 세공인들이 여전히 가난하게 사는 모습을 보며 실망하게 됩니다.

상상을 초월하는 위험의 끝

그래서 당신은 가죽 가공의 다음 단계인 염색과 방수 처리 과정을 배우기도 전에 결국 이 직업을 포기하고 친구와 함께 거머리를 잡으러 떠납니다. 네, 맞습니다. 여러분은 이제 거머리를 잡기 위해 항아리, 막대기, 칼, 그리고 붕대를 챙겨서 인근 습지대로 향합니다.

특히 18~19세기 유럽에서 거머리는 치료와 수술에 널리 사용되었기 때문에 거머리는 잡는 대로 매우 잘 팔렸습니다. 당시 유행하던 치료법 중 하나가 사혈 요법이었습니다. 몸에서 나쁜 피를 빼내면 질병이 낫는다고 여겼기 때문에 피를 빼내기 위한 가장 좋은 방법으로 거머리를 사용했던 것입니다.

이제 당신은 물속에 들어가 거머리가 다리에 달라붙기를 기다립니다. 거머리가 사람의 체온과 혈액을 감지하면 피부에 붙어 흡혈을 시작합니다. 일정 시간이 지나 거머리가 충분히 부풀어 오르면 이를 조심스럽게 떼어내어 가져간 항아리에 담는 작업을 합니다.

일부 여유가 있는 사람들은 가축을 미끼로 사용할 수도 있지만 거머리 채집을 하는 사람들은 대부분 극빈층이었습니다. 설령 소중한 재산인 가축이 한두 마리 있다 해도 가축 대신 자신의 다리를 이용하는 사람이 더 많았습니다.

그러나 이 일은 단순히 불편한 것을 넘어 매우 위험했습니다. 거머리를 잡는 과정에서 과도한 출혈로 빈혈이 생기거나 상처를 통해 각종 감염에 시달리는 일이 빈번했습니다.

늪지의 습기와 더불어 심각한 저체온증의 위험도 항상 존재했습니다. 한동안 거머리 채집을 하던 당신은 어느 날 추운 날씨 속에서 동료가 저체온증으로 쓰러지는 것을 목격합니다. 그 모습에 큰 충격을 받은 당신은 이 위험하고 고된 일을 그만두기로 결심합니다. 그리고 더 안전한 일자리를 찾아 또다시 떠나게 됩니다.

죽음을 담보로 한 직업

1348년, 유럽을 강타한 흑사병은 단 2년 만에 유럽 인구의 3분의 1을 앗아갔습니다. 거리와 집 안 곳곳에서 쌓여가는 시신들은 도시를 공포와 절망으로 가득 채웠습니다.

이런 끔찍한 혼란 속에서 누구도 맡고 싶지 않았던 한 직업이 있었습니다. 바로 흑사병 매장자였습니다. 흑사병 매장자는 전염병으로 사망한 사람들의 시신을 수습하고 도시 외곽의 집단 매장지로 옮겨 묻는 일을 맡았습니다. 당시 사람들은 흑사병이 나쁜 공기로 전염된다고 믿었기 때문에 매장자들은 극도로 위험한 환경에서 일해야 했습니다.

흑사병 매장자의 하루는 동료와 함께 커다란 수레를 끌며 거리와 가정에 방치된 시신을 모으는 것으로 시작합니다. 모은 시신들은 도시 외곽에 있는 거대한 집단 매장 구덩이에 묻습니다.

때로는 전염을 막기 위해 시신을 태우기도 했습니다. 시신이 부패하며 퍼지는 악취와 전염 위험을 줄이기 위해 석회가루를 뿌리거나 천으로 감싸는 작업도 필수였습니다.

가끔은 시신 조사관이라 불리는 노파와 동행하기도 했습니다. 그녀는 죽은 이들의 집을 찾아내고 시신을 확인하며 돈을 받았습니다. 그녀의 임무에는 사망자의 귀중품이나 유언장을 확인하기 위해 시신을 뒤지는 일도 포함되었습니다.

전염되지 않기 위해 당신은 온몸을 긴 옷으로 감싸고 얼굴에는 천으로 코와 입을 가린 채 작업을 진행했습니다. 후대에 등장한 흑사병 의사의 부리형 마스크는 바로 이러한 작업 방식에서

흑사병 의사의 부리형 마스크

영감을 받았다는 설도 있습니다.

그러나 이러한 조심스러운 노력에도 불구하고 같이 일하던 친구가 결국 흑사병에 감염되어 세상을 떠나는 모습을 목격합니다. 그러던 중 이 일로 돈을 벌었다는 친구가 사실은 사망자들의 귀금속을 훔쳐 돈을 모았다는 것을 알게 됩니다.

양심의 가책과 전염의 공포로 가득 찬 당신은 더 이상 이 일을 지속할 수 없다는 것을 깨닫습니다. 그러던 중 거리 곳곳에서 집집마다 솟아 있는 굴뚝을 보고 굴뚝 청소부가 되어 보기로 합니다.

중세 시대부터 굴뚝은 유럽 도시의 필수적인 구조물이었습니다. 요리를 위해 사용된 벽난로에는 연기를 내보낼 통로가 필요했고 굴뚝은 바로 그러한 역할을 했습니다. 그러나 연료로 사용된 나무와 석탄은 굴뚝 내부에 타르와 재가 쌓이게 만들어 결국 화재 위험을 크게 증가시켰습니다. 이 문제를 해결하기 위해 등장한 직업이 바로 굴뚝 청소부였습니다.

당신은 열 살 남짓한 한 아이와 함께 굴뚝 청소를 위해 한 가정을 방문합니다. 집주인은 당신을 의아하게 바라보았으나 개의치 않고 일을 시작합니다.

굴뚝은 비좁고 오로지 손과 무릎만으로 굴뚝 안쪽을 기어오르며 타르와 재를 긁어내야 합니다. 장갑이나 보호구도 없고 맨손으로 작업을 해야 했기에 손바닥과 무릎에는 곧 피가 흐릅니다. 그을음과 먼지, 타르가 숨을 쉴 때마다 폐 깊숙이 들어와 호흡이 가빠 오며 머리가 어지럽습니다. 지금은 겨울이라 그나마 견딜 수 있지만 만약 여름이었다면 불과 몇 분 만에 굴뚝 안의 뜨거운 열기와 타르 냄새에 질식했을 것이라는 생각이 듭니다.

굴뚝을 반도 오르지 못해 몸이 좁은 굴뚝에 끼었고 한참을 애쓴 끝에 간신히 빠져나옵니다. 왜 이런 일을 어린아이들이 맡는지 이제야 이해가 갑니다.

주로 고아, 극빈자, 그리고 부모의 빚을 갚기 위해 팔려온 어린아이들이 주로 이런 일을 했습니다. 아이들은 체구가 작아 좁은 굴뚝을 통과할 수 있었기에 어른 대신 이 위험한 작업에 투입되었습니다. 그러나 그 대가는 끔찍했습니다. 아이들은 굴뚝 안에서 질식하거나 추락해 목숨을 잃는 일이 다반사였습니다.

하루 종일 그을음과 타르에 노출된 아이들은 심각한 호흡기 질환에 시달렸으며, 피부에는 '굴뚝 청소부 암'이라고 불리는 각종 종양이 생기기도 했습니다. 이는 타르에 지속적으로 노출된 사람들이 겪는 흔한 질병이었는데, 이 가혹한 노동에 대한 비판과 아이들의 고통이 점차 사회적 논의로 이어지면서 1840년에 영국에서는 10세 미만의 아이들이 굴뚝 청소부로 일하는 것을 금지하는 법이 제정되었습니다. 하지만 이후에도 수많은 아이는 굴뚝 안에서 희생되어야 했습니다.

형벌이 된 가혹한 노동

굴뚝 청소도 포기한 당신은 이번에는 지독한 냄새가 몸에 배어 있는 어느 '공 파머Gong farmer(분뇨 수거인)'의 이야기를 듣기로 합니다.

매우 큰 저택이나 성을 제외하고 중세 시대 대부분의 주택에는 실내 화장실이 없었기 때문에 대신 요강을 사용했습니다. 그리고 사용 후에는 그 내용물을 거리로 던져 버렸기 때문에 거리는 악취와 오물로 가득 찼고 도시 환경은 매우 불결했습니다. 과

두 남자가 인분 제거용 파이프를 들고 있는 공 파머 서비스 광고

학적인 지식은 부족했지만 이러한 오물이 전염병을 퍼뜨린다는 사실을 어렴풋이 알고 있었던 중세 사람들은 어떻게든 이를 치워야 했습니다.

비가 와서 씻겨 내려가기를 기다릴 수만은 없었기 때문에 이를 치우는 사람들이 필요했습니다. 이들은 속어로 공 파머라고 불렸고, 야간에 요강이나 오수 구덩이에 쌓인 오물을 파내고 제거하는 일을 했습니다.

작업은 주로 밤에 이루어졌고 수거된 오물은 도시 성벽 밖으로 운반되었습니다. 어린 소년들이 고용되기도 했는데 이들은 무거운 통에 오물을 가득 담아 나르며 때로는 인근 농장에 돈을 받고 그것을 비료로 뿌리기도 했습니다.

그러나 이 과정은 위험했습니다. 독성 가스가 발생하는 오수 구덩이는 질식 사고가 빈번했고 감염 위험도 높았습니다. 실제로 1325년 리처드 레이커라는 공 파머가 오수 구덩이에 빠져 익사했다는 기록도 남아 있습니다. 이 일의 대가로는 하루에 6펜스를 벌 수 있었는데, 이는 일반 노동자의 몇 배나 되는 급여에 해당했습니다.

지금까지 중세 시대의 끔찍한 직업들이 담고 있는 고통과 비극을 살펴보았습니다. 그 당시 사람들이 어떻게 이러한 일들을 견뎌냈는지 상상해 보는 것만으로도 아찔합니다.

당신은 이 중 어떤 직업이 가장 끔찍하게 느껴졌습니까? 고통과 위험이 일상이었던 그 시대의 삶을 되돌아보면 오늘날 우리가 누리는 자유와 안전이 얼마나 소중한 것인지 다시 한번 느끼게 됩니다.

현대 사회에서 당연하게 여기는 인간적인 존중과 안전한 직업 환경은 과거 많은 사람의 희생이 있었기 때문이며, 그들의 고통 위에서 세워졌습니다. 과거에 그들이 남긴 흔적을 기억하고 되새기는 것이 우리가 그들의 삶에 진 빚을 조금이라도 갚는 길 아닐까요?

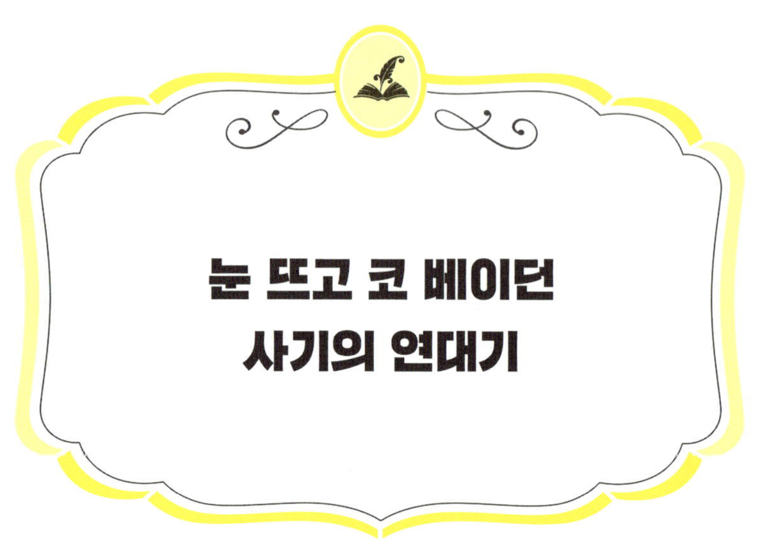

눈 뜨고 코 베이던
사기의 연대기

"드디어 구했습니다. 바로 그 성물이라는 것을 말이죠."

사제는 고개를 끄덕이며 작은 상자를 열어 보입니다. 예루살렘에서 온 상인으로부터 무려 20마르크를 주고 구입한 것이었습니다. 상자 안에는 초라해 보이는 나무 조각 하나뿐이었습니다. 그러나 이것은 단순한 나무 파편이 아니라 바로 예수 그리스도가 못 박혔다는 십자가의 조각, 성십자가 '트루 크로스True cross'였습니다.

이 작은 조각은 곧 영혼을 구원하는 성물이자 교회의 권위를 증명하는 보물이었습니다. 성십자가의 파편을 가진 자는 곧 하늘과 연결된 자로 여겨졌고, 믿음을 팔고 사는 거래는 유럽 전역

예수의 성유물을 받고 있는 루이 9세

에서 거대한 광풍처럼 번져갔습니다. 당시의 연대기와 수도원 장부는 성십자가와 같은 성물을 확보하고 보관하는 데 막대한 비용이 들었음을 보여줍니다.

이 열풍에는 왕과 귀족들도 앞다투어 가세했습니다. 1239년 프랑스의 루이 9세는 왕실 재정의 상당 부분을 들여 콘스탄티노폴리스(이스탄불의 옛 이름)에서 예수의 가시면류관과 성십자가 조각 등 여러 성유물을 들여왔습니다.

그는 이 성유물을 공개하며 자신이야말로 하나님의 선택을 받은 군주임을 과시하고자 했습니다. 그리고 이 보물을 봉안하기 위해 세운 성당이 바로 오늘날까지 남아 있는 생트샤펠 성당입니다.

열풍이 극에 달했을 때는 교회마다 수도원마다 성십자가를 보관하고 있다고 주장했습니다. 이에 16세기 종교 개혁자 장 칼뱅은 "그 많은 조각을 모두 보은다년 배 한 적을 지을 수 있을 것"이라고 조롱했고, 인문학자 에라스무스는 "아예 수레 두 대가 필요할 것"이라고 풍자했다는 말이 있습니다.

그러나 당시 사람들에게 진위는 중요하지 않았습니다. 성스러움은 의심의 대상이 아니었고, 이 나무 조각 앞에 무릎 꿇는 순간 사람들은 자신이 천국의 문턱에 더 가까워졌다고 믿었습니다.

믿음마저 거래되던 시대

오늘도 당신은 먹을 것과 생활용품을 사기 위해 과거의 시장으로 향합니다. 종소리가 울리고 거리는 벌써 사람들로 가득합니다. 농부들이 바구니 가득 채소를 내다 팔고 양피지와 직물을 실은 상인들이 고함을 지르며 손님을 부릅니다. 그러나 이 소란스러운 풍경 속에는 단순한 거래만 있는 것이 아닙니다.

당신의 귀에 가장 먼저 들려오는 것은 기적의 약을 외치는 약장수의 목소리입니다. 그는 반짝이는 병을 흔들며 두통과 치통, 심지어 악마의 손길마저 이 약이면 사라진다고 장담합니다. 군중은 호기심 어린 눈빛으로 몰려들고 당신은 자연스레 걸음을 멈춥니다.

그러나 군중의 환호와 약장수의 호언에 정신이 팔린 사이 누군가의 손길이 주머니 속을 스쳐 지나갑니다. 당신 주머니에 있던 은화는 이미 사라지고 없었지만 알아채지는 못했습니다.

당신은 어느 곡식더미 앞에 멈춰 섭니다. 한 상인이 저울 위에 보릿자루를 올려놓고는 친근하고 순진해 보이는 미소와 함께 자신이 갖고 온 농산물이라며 호객합니다.

그러나 이 상인이 쓰는 저울추는 안쪽이 비어 있어 실제보다 무겁게 보이도록 조작되어 있었습니다. 당신은 생각보다 적은 양에 고개를 갸웃하지만 그러려니 하고 다음 가게로 발길을 옮깁니다.

시장에서 가장 요란한 곳은 언제나 고기와 생선 가판대였습니다. 겉보기에는 싱싱해 보이는 고기였지만 속을 들여다보면 이미 상한 부분을 도려내고 멀쩡한 듯 꾸민 경우가 많았습니다.

생선 장수들은 더 교묘했습니다. 눈과 아가미를 붉게 칠하거나 다른 생선의 내장을 추가해 무게를 늘리고 소금물과 식초를 발라 마치 막 잡아 올린 것처럼 속였습니다.

직물상과 가죽상 역시 예외는 아니었습니다. 천을 물에 적셔 건조 틀에 걸어 치수를 뻥튀기하는 속임수, 표면에 잘게 자른 섬유 찌꺼기나 석회 분필을 발라 매끈해 보이게 하는 기만이 흔했습니다.

영국에서는 이를 막기 위해 이미 1197년에 측량 규정에서 직물의 폭과 길이를 법으로 정했고, 15세기 말에는 젖은 천을 과도하게 잡아 늘리거나 표면을 발라 꾸미는 행위를 금지하는 법령이 뒤따랐습니다. 심지어 속임수를 막기 위해 천을 말리는 건조 틀은 반드시 야외의 공개된 장소에서만 설치하도록 규정하기도 했습니다.

중세의 옷과 신발이 필요했던 당신은 장터 한복판에서 반짝이는 옷감과 광이 나는 가죽 제품 앞에 발길을 멈춥니다. 손끝에 닿는 촉감은 매끄럽고 색깔은 유난히 고와 보입니다. 한참 물건을 고르고 있을 때 붉은 띠를 두른 검사관이 다가와 물건을 뒤집어 살피고 물에 적셔 봅니다. 그러자 금세 옷감의 색이 탁해지고 손가락 끝에 붉은 물이 묻어납니다. 염색공이 싸구려 불량 염색을 한 것입니다.

옆 매대의 가죽 제품 표면은 매끈하게 기름칠 되어 멀리서 보기에는 반짝이지만, 검사관이 칼로 살짝 긁자 곧바로 산패한 냄

새가 올라옵니다. 원래의 결함을 감추기 위해 기름과 왁스로 덧
칠한 가죽이었던 것이었죠.

다시 몇 걸음 옮기자 장터 한쪽으로 몰려드는 사람 무리를 발
견합니다. 그 중앙에는 화려한 옷차림의 점술가가 서 있습니다.
손에는 낡은 성경 구절이 적힌 쪽지와 별자리를 그린 종이를 들
고 신의 계시를 받았다고 떠듭니다.

"은화 한 닢만 내면 당신의 앞날과 가족의 운명을 알려주리
다."

사람들은 호기심에 동전을 내밀고 점술가는 그때마다 모호
한 말로 길흉을 늘어놓습니다. 누군가는 눈물을 흘리며 고개를
끄덕이고 누군가는 불안한 얼굴로 돌아갑니다. 이러한 온갖 속
임수가 극성을 부리고 사람들의 원성이 높아지자 당국은 단속
과 함께 처벌에 나서게 됩니다.

썩은 고기나 상한 생선을 판 이는 시장 한복판에서 곧바로 벌
금형이나 몰수 조치를 당했고, 불량 직물과 가죽은 길드 검사에
의해 찢겨 나가거나 불태워졌습니다. 거짓 염색이나 기름으로
결함을 감춘 상인 혹은 점술과 예언을 미끼로 동전을 빼앗던 자
들은 종종 필러리Pillory(목과 손목을 끼우는 형틀)에 세워졌습니다.

속임수를 쓰다가 걸리면 목과 손이 나무틀에 고정된 채 사람
들 앞에서 조롱과 욕설, 심지어 썩은 음식을 맞으며 수치심을 견
뎌야 했습니다.

필러리에서 공개적으로 처벌받는 모습

아이들까지 오물을 던지며 야유를 퍼붓는 장면은 마치 장터가 하루 동안 기다린 가장 인기 있는 공연 같았습니다.

영주마저 속이는 방법

"도대체 믿고 살 게 없군."

시장 한 바퀴를 돌고 난 당신은 출출한 배를 채우러 친구의 집을 찾습니다. 그는 영주 소유의 양 떼를 관리하는 일을 하고 있었는데, 만날 때마다 고기와 술을 아낌없이 내놓고 늘 근사한 옷차림에 꽤 넉넉해 보이는 집에 살고 있었습니다. 당신은 문득 의아함을 감추지 못한 채 비결을 묻자 그가 대답합니다.

"자네한테만 말하는 건데 이 일에는 요령이 필요하다네."

그가 슬며시 웃으며 양과 가죽을 빼돌리는 방법을 알려줍니다.

"모든 암양이 해마다 새끼를 낳는 건 아니지. 올해 열두 마리가 태어났으면 열 마리만 보고한다네."

"그럼 해마다 양 두 마리를 빼돌린다는 건가?"

"그것 말고도 여러 가지 방법이 있다네."

그는 웃음을 띠며 설명을 이어갑니다. 두 번째 속임수는 양가죽을 팔 때 일어납니다. 만약 양가죽이 100장이 있다면 가장 좋은 것 25장을 따로 챙겨 개당 2페니에 팔고, 그 돈으로 보통 품질의 양가죽 50장을 개당 1페니에 삽니다. 이렇게 하면 결국 25장을 순이익으로 챙길 수 있는 셈이었습니다.

세 번째 속임수는 양가죽을 전염병에 걸린 것처럼 위장하는 방법입니다. 가죽을 벗긴 직후 뜨거운 물에 담갔다가 바로 말리면 겉보기엔 전염병으로 죽은 양의 가죽처럼 보입니다. 영주에게는 고기를 폐기했다고 보고하지만 실제로 고기와 가죽은 그의 차지가 됩니다.

심지어 다른 양 관리인과 짜고 속이는 방법노 있습니다. 몰래 양을 빼돌린 뒤 영주의 검사관이 와서 수를 세면 부족한 수를 다른 목자에게서 빌려 맞추는 식이었습니다.

"다른 양 관리인이 마음에 들지 않을 때는 이렇게 골탕을 먹이기도 한다네. 양털을 깎을 때 손상되거나 품질이 떨어진 부분을 따로 모아 두었다가 그가 양털을 계량할 때 슬쩍 섞어 넣는 거지. 그러면 마치 그 양치기가 양 떼를 제대로 돌보지 않은 것처럼 보이게 되고 그는 부당하게 비난을 받거나 벌금, 심지어 처벌까지 당할 수 있다네."

"정말 여러 가지 방법이 있군."

"그게 다가 아니지. 봄과 여름 치즈를 만드는 철에는 이런 방법도 있다네. 첫날 치즈를 만들 때 우유를 여덟 몫으로 똑같이 나누고 그중 한 몫은 빼돌려 보관한다네. 나머지 8분의 7만으로 치즈를 만드는 거지. 그리고 다음 날에는 다시 우유를 여덟 몫으로 나눈 뒤, 두 몫을 빼돌리고 대신 어제 빼돌려둔 한 몫을 섞어 넣어서 역시 8분의 7만큼 치즈를 만든다네. 이런 식으로 계속하면 여덟째 날에는 빼돌려둔 우유 일곱 몫으로 치즈를 만들고도 신선한 우유 여덟 몫이 그대로 남게 되지. 매일 조금씩만 줄어드는 방식이라 누구도 눈치 채지 못하고 빼돌린 우유는 매일 신선한 것으로 교체되니 상할 염려도 없다네.”

당신은 이날 친구의 집에서 양고기와 좋은 와인을 마음껏 먹고 성으로 돌아옵니다. 영주는 성의 주인이었지만 경제 운영, 군사 방위, 마구간과 운송 등 성의 일상적 살림은 관리인의 손에 달려 있었습니다.

다음 날 당신은 영주의 장부를 정리하는 서기를 만납니다. 그는 낮은 목소리로 성안에서 흔히 벌어지는 사기와 횡령에 관해 귀띔해 줍니다.

“성을 수리하거나 건축할 때 누가 있는 그대로 보고하겠나. 석재나 목재, 석회 같은 자재의 수량과 가격, 운송비를 부풀리는 건 기본이지. 인부가 10명뿐이어도 장부에는 12명으로 기록한다네.”

이런 수법은 결코 허구가 아니었습니다. 영국 왕실 기록에는 실제로 성 보수 공사에서 재료비와 인건비를 부풀린 사례가 반복적으로 나타나며 연구자들은 이를 제도적 횡령의 전형으로 평가합니다. 서기의 이야기는 이어집니다.

"와인은 더더욱 속이기 쉬워. 하급 포도로 빚은 와인을 중급이나 상급으로 기록하는 것은 예사고, 물이나 식초를 섞어 채웠다 보고하기도 하지. 특히 보르도산 와인은 수요가 많아 상인과 관리들이 품질을 속여 차익을 챙기곤 한다네."

실제로 영국 법원 기록에는 부정 와인 사건이 종종 등장하며 런던 시장 규정에서도 희석된 와인을 판매한 상인들이 벌금형과 몰수형을 선고받은 사례가 확인됩니다.

그러나 무엇보다도 흔한 사례는 곡물과 식량 횡령이었습니다. 성의 창고 관리인들은 장부에 곡물 손실을 기재할 때 쥐가 먹었다거나 비가 새서 썩었다고 적어 넣었습니다. 그리고 이렇게 조금씩 누락된 곡물은 결국 관리인들의 집으로 흘러 들어갔습니다.

동전마저 깎아내던 욕망의 끝

두터운 성벽 안에서 하루하루가 지루하게 흘러가던 어느 날 밤, 당신은 병사들과 하인들이 어울리는 성의 하층 홀 한구석의 도박판에 끌려 들어갑니다.

촛불이 어른거리는 테이블 위에서 세 명의 사내가 주사위를 굴리며 요란하게 웃고 있었고 당신도 은화 몇 닢을 판에 올려놓

중세와 근세 유럽에서 흔한 범죄였던 동전 깎이

습니다. 탁자 위에는 각종 컵과 기름 묻은 빵 조각 사이로 주사위들이 굴러다녔습니다. 웃음소리와 술 냄새가 뒤섞인 자리에서 주사위가 굴러갈 때마다 환호와 욕설이 터져 나왔습니다.

처음엔 그럭저럭 운이 따르는 듯 보였지만 곧 꺼내 놓은 은화가 바닥나고 당신 차례가 돌아왔습니다. 주사위를 손에 쥔 순간 당신은 깨달았습니다. 그것은 평범한 주사위가 아니었습니다. 모서리를 미세하게 깎아 특정 눈이 잘 나오도록 만든 조작된 주사위였죠. 그러나 당신은 이 수법에 이미 능통했기에 이를 역이용하기로 합니다.

시간이 얼마간 흐르고 당신 앞에는 동전 더미가 쌓였습니다. 돈을 따낸 당신이 자리에서 일어나려는 순간 뒤쪽에서 거대한 체구의 사내가 어깨를 움켜쥐며 낮게 말합니다.

"다 정상이 아니군. 당신이 가져온 건 깎아낸 동전이잖아."

반박하기도 전에 그는 손에 쥔 은화를 탁자 위에 내려치듯 올려놓습니다. 동전의 가장자리가 매끄럽지 않고 미세하게 잘려

나간 흔적이 보였습니다.

주화 절단은 중세 전역에서 가장 무거운 화폐 범죄 중 하나였습니다. 겉보기에는 이상이 없어 보였지만 화폐의 무게가 줄어들어 가치가 훼손되었기 때문에 각국의 왕실은 이를 국가에 대한 반역 행위로 규정했습니다. 실제로 영국에서 주화 절단 사례가 적발되면 심지어 사형이나 극형을 선고받기도 했습니다.

그 남자는 동전을 하나하나 뒤집어 보이며 목소리를 높입니다.

"봐라. 이건 모두 깎아낸 화폐다. 이런 불법인 돈으로 판을 벌이다니."

당신은 억울했지만 이미 상황은 불리했습니다. 건장한 사내는 당신의 어깨를 밀쳐내며 말합니다.

"이런 건 걸리면 사형인 거 알아? 오늘은 운이 좋은 줄 알아. 다시는 이 자리에 얼씬도 하지 마라."

성벽 사이의 어둡고 축축한 복도 숙소로 돌아오는 길을 따라 무거운 발걸음을 옮깁니다. 이렇게 중세의 하루가 또 지나갑니다.

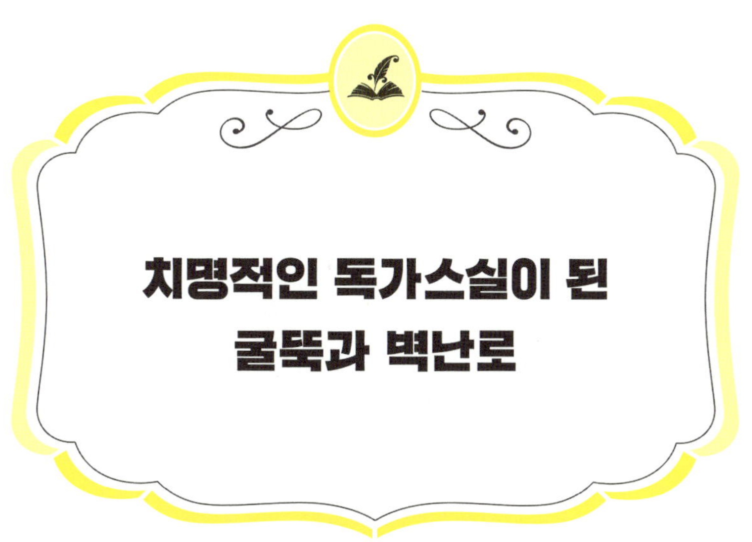

치명적인 독가스실이 된 굴뚝과 벽난로

이곳은 중세가 저물고 한 세기가 지난 1595년 튜더 시대, 잉글랜드의 시골 마을 스트랫퍼드어폰에이번(이하 스트랫퍼드)입니다. 마을에 들어서니 그을음 냄새가 코를 찌르고 검게 탄 목재와 불에 탄 집기들이 널려 있습니다. 마을의 중심으로 들어가자 집의 절반이 통째로 무너진 골목이 나타납니다.

전쟁이라도 벌어진 걸까요? 아닙니다. 이것은 집 자체의 문제, 바로 튜더식 주택과 굴뚝이 부른 참사였습니다. 한 채에서 시작된 화재는 좁은 골목을 두고 서로 맞닿아 있는 지붕을 타고 순식간에 퍼져 나갔습니다. 이것이 처음도 아닙니다. 바로 전해에도 마을 반대편에서 똑같은 화재가 발생해 마을의 다른 반쪽

튜더 시대의 반목조 가옥

이 타버렸다고 합니다. 도대체 왜 이런 참사가 반복되었을까요?

문제는 굴뚝이었습니다. 위의 집은 오늘날 영국의 전통 주택을 떠올릴 때 가장 먼저 연상되는 반목조 가옥입니다. 보기에는 아늑하고 따뜻해 보이지만 당시에는 오히려 재앙에 가까웠습니다.

중세까지 잉글랜드의 일반적인 농가는 공간 구분이 거의 없이 하나의 공간에 가족과 가축이 함께 생활하는 단순한 구조였고, 집 한가운데 화덕을 겸한 난로가 있었습니다.

연기는 지붕 가운데 뚫린 작은 구멍을 통해 배출됐습니다. 전쟁과 기근, 전염병으로 고통받던 중세가 저물자 사람들은 침략에 대비한 성곽의 불편한 삶에서 벗어나 좀 더 쾌적한 생활을 꿈꾸며 더 나은 주택을 고민하기 시작했습니다.

그때 인기를 끌기 시작한 것이 바로 반목조 가옥이었습니다. 가볍고 값싼 목재로 집의 프레임을 세운 뒤 그 사이를 진흙, 회반죽, 짚 등을 섞은 충전재로 메워 올리는 방식입니다.

이 방식은 크고 여러 개의 방을 갖춘 집을 더 빠르고 저렴하게 지을 수 있었기 때문에 농민과 중산층, 심지어 상류층에까지 빠르게 확산되었습니다.

어설픈 굴뚝이 불러온 대화재

이 시기에는 벽돌도 점차 보급됩니다. 당시 건축 자재 중에서는 비싼 편이었지만 벽돌로 집 한쪽에 굴뚝을 세우고 벽난로를 설치하면 내부 공간을 획기적으로 확보할 수 있었고 2층, 3층 구조로의 확장도 한결 쉬워졌습니다. 문제는 굴뚝 기술이 확립되지 않았다는 점입니다.

실제로 스트랫퍼드에서는 1594년과 그 이듬해 연달아 대화재가 나 거의 마을 전체가 불탔고, 이런 일은 다른 도시와 마을에서도 빈번했습니다. 셰익스피어는 고향인 이곳을 떠나 당시 런던에 있었기에 위험을 피할 수 있었지만 자칫 영국을 대표하는 작가를 잃을 수도 있었습니다.

그런데 도대체 굴뚝이 왜 문제였을까요? 중세까지 대부분의 주택은 화덕 겸 난로에서 나오는 연기가 집 안을 채웠고 천장의 작은 구멍만으로는 충분히 배출되지 못했습니다. 그런데 튜더 시대에 널리 보급된 굴뚝은 그야말로 혁신적인 아이디어였습니다. 문제는 시공이었습니다.

굴뚝은 대개 목재나 흙벽에 비해 내열성이 강한 벽돌로 만들 있지만, 목새 프레임이 내부로 노출되거나 벽돌 대신 회반죽과 짚을 섞어 성급히 만들기도 했습니다. 굴뚝 내부의 열기가 제대로 빠져나가지 못하면 주택의 목재 프레임에 불이 옮겨 붙기 쉬웠고, 이렇게 붙은 불은 가족이 잠든 사이 집 전체로 순식간에 번져나갔습니다.

또 비교적 평화로웠던 튜더 시대에는 도시와 마을의 인구가 빠르게 늘어 집들이 거의 붙어 있었습니다. 그래서 한 집에서 화재가 발생하면 초가지붕을 타고 옆집으로 옮겨가는 데 시간이 별로 걸리지 않았습니다. 당시 유행하던 가분수형 캔틸레버 구조(건물의 상부가 하부보다 더 돌출되어 있는 구조)는 지붕과 지붕이 거의 맞닿게 만들어 불길이 번지는 다리 역할을 했습니다.

소방 시스템이나 상수도가 없던 시절, 이런 화재는 치명적이었고 한번 불이 나면 한 블록, 최악의 경우 마을 중심부 전체가 불길에 휩싸이기도 했습니다.

화재가 나면 벽돌로 높이 올린 굴뚝 구조물이 견디지 못하고 무너지는 일도 잦았습니다. 당시 벽돌의 내열성은 그리 높지 않아 내부에서 불길이 치솟으면 벽돌은 퍽 하고 깨지고 떨어지기 쉬웠습니다.

지붕에서부터 무너져 내리는 벽돌 더미는 미처 탈출하지 못한 사람들을 덮치는 일도 많았습니다. 그래서 화재 자체보다 주택의 붕괴가 더 큰 인명 피해를 내기도 했습니다. 실제로 1518년 켄트주 윙에서는 무너진 벽돌 굴뚝이 불을 끄던 사람들을 덮쳐 여러 사람이 숨졌다고도 합니다.

굴뚝의 또 다른 문제는 불완전한 설계였습니다. 많은 집이 벽난로 크기에 비해 충분한 굴뚝의 넓이를 확보하지 못해 연기와 열기가 내부에 계속 쌓였는데, 이는 결국 연기와 유독 물질을 집 안으로 역류시키고 화재를 발생시키는 원인이 되었습니다.

나무와 석탄을 태울 때 생기는 미세 입자와 타르 또한 굴뚝 안쪽에 차곡차곡 들러붙었지만 굴뚝을 처음 쓰던 사람들은 청소의 필요성을 잘 알지 못했습니다.

재와 먼지가 섞여 두터워진 타르는 굴뚝을 점점 좁게 만들어 연기와 유해 가스가 실내로 역류하게 했고, 배출되지 못해 집 안에 쌓인 일산화탄소로 인해 온 가족이 아침에 일어나지 못하기도 했습니다.

이렇게 쌓인 타르는 작은 불씨에도 쉽게 발화해 굴뚝 화재를

20세기 초 여성 굴뚝 청소부

일으켰습니다. 뒤늦게 도시 당국은 굴뚝 청소를 의무화하는 규정을 마련했지만 같은 문제는 수백 년 동안 되풀이되었습니다.

집 안에서 건강을 잃는 사람들

불타버린 마을을 뒤로하고 런던 시내로 들어서 봅니다. 16세기 내내 사람과 일거리가 몰려든 런던의 인구는 1550년대 10만 명을 넘어 1600년대에는 무려 20만 명 안팎으로 치솟습니다.

도시는 성벽 밖으로 퍼져 나갔고 점점 과밀해지는 도시는 새로운 위험에 직면합니다. 이렇게 도시의 팽창을 가능하게 한 연료가 바로 석탄이었습니다.

중세 말까지 가정의 주된 연료는 장작이었습니다. 하지만 튜더기에 접어들며 과도한 벌채로 숲이 줄고 나뭇값이 오르자 석탄이 새로운 선택지로 급부상합니다. 1580년대 이후 잉글랜드 북동부에서 캐낸 석탄이 해상 운송을 통해 런던에 대량 유입되면서 석탄은 점차 가정 및 상업용 표준 연료로 자리 잡습니다. 석탄은 장작이나 숯에 비해 열량이 높고 오래 타며 적재, 보관, 수송에도 유리했습니다.

그러나 편리함의 대가도 작지 않았습니다. 당시 석탄은 유황 성분이 높아 연소 시 이산화황, 질소산화물, 그을음, 미세 입자를 대량 배출했습니다. 연기와 안개가 골목 위로 내려앉아 기침, 눈 따가움, 흉부 압박을 호소하는 이들이 늘었죠.

1661년 당대 최고의 지식인 존 이블린은 국왕 찰스 2세에게 보낸 서한에서 "석탄 연기가 언제나 런던을 둘러싸고 폐와 정신을 질식시킨다"라고 쓰기도 했습니다.

집 안의 상황은 더 심각했습니다. 벽난로의 석탄에서 나온 미세한 분진은 벽, 천장, 가구, 직물에 스몄습니다. 환기가 충분치 않은 좁은 방에서는 연소 과정에서 생긴 초미세 먼지와 황질소 화합물 등이 축적되어 호흡기를 자극했고 그 결과 만성 기침, 기관지염, 두통, 눈과 피부의 따가움 및 가려움증을 호소하는 사람들이 많았습니다. 특히 어린이, 노약자나 기저 질환이 있는 사람들은 증상이 악화하기 쉬웠죠. 겨울에는 문풍지로 틈을 막고 창을 닫고 지냈기 때문에 상황은 더 심각해졌습니다.

16~17세기 런던의 주간 사망 집계에 따르면 당시 사망 원인으로 폐결핵, 호흡 곤란, 기관지염 등 호흡기성 질환이 큰 비중을 차지한다는 것을 알 수 있습니다.

또 이렇게 석탄에 의지해 살아가는 구조에서 뉴캐슬 석탄 운반선은 사실상 런던의 생명줄이나 다름없었는데, 내전이나 전쟁으로 북동부 해상로가 막힐 때마다 런던은 심각한 연료난에 시달렸고 혹한의 겨울을 힘겹게 버텨야 했습니다.

튜더 시대 런던의 거리는 중세 성보다도 열악했습니다. 도시 골목에는 개울과 도랑이 하수 역할을 했지만 날이 갈수록 과밀해져 가는 거리에는 오수와 쓰레기가 쌓였습니다. 밤마다 오물을 치우는 공 파머가 있었지만 그들의 일은 냄새 때문에 밤에만 허용되었고, 비가 오면 하수는 역류하기 일쑤였습니다. 이는 수인성 전염병의 완벽한 조건이기도 했습니다.

세균이 득실했던 도시

일자리를 찾는 사람들로 붐비는 런던 시내 어디에도 빈방은 없습니다. 그러나 운이 좋다면 어느 친절한 여관 주인이 어쩔 수 없다는 듯이 자신이 살고 있는 집으로 안내할 수도 있습니다.

어두운 골목 끝에 위치한 평범한 도시인의 주택. 문을 열고 들어서면 양의 기름으로 만든 초인 '텔로 캔들'이 희미한 붉은 빛을 냅니다. 집 안 공기는 따스했지만 텔로 캔들에서 나오는 그을음과 악취로 인해 벌써 속이 메스꺼워집니다.

하지만 이것은 아주 작은 문제에 불과합니다. 바닥에는 '러시'라고 부르는 갈대와 부들이 깔려 있고 허브가 뿌려져 있어 향기가 납니다. 하지만 이 러시는 심각한 건강 문제를 야기했습니다. 사용하면서 얇아진 러시 위로 매년 새로운 러시를 보충했고 때로는 위층을 걷어내고 새로 깔기도 했지만 대부분은 켜켜이 쌓으며 오랫동안 교체 없이 그냥 사용했습니다.

그리고 이 러시 속에는 가래, 토사물, 술이나 각종 음식물, 개와 사람의 배설물 같은 것들이 수년 심지어 수십 년을 두고 쌓였습니다. 놀랄 만큼 비위생적인 환경이었던 셈입니다.

이런 환경에서 작은 상처도 치명적이 될 수 있었습니다. 나무를 다듬다 베인 손, 시장통에서 넘어진 무릎 그 자체로는 사소해 보여도 도시의 오염된 도랑이나 가정의 러시를 통해 감염이 쉽게 일어났고 며칠에서 수주 뒤에 사망하는 사례가 기록에 반복해서 등장합니다.

특히 튜더 시대의 검시 조서에는 팔다리나 옆구리의 상처로 숨졌다는 보고가 많이 나옵니다. 그 시대에는 세균이나 패혈증의 원인을 알지 못했고 그저 불운한 사고 또는 신의 징벌이라고만 여겼을 것입니다.

질병이 바꾼 문화

출산은 더 위험했습니다. 출산 시 손, 도구, 침구, 바닥에서 온 세균이 산모에게 감염되면 산후 합병증으로 이어졌습니다. 현대적 통계는 아니지만 영국의 전근대기 자료를 종합하면 출생아 100명당 약 두세 번꼴로 산모가 사망했고 결혼한 여성 18명 중 한 명이 출산으로 인해 사망한 것으로 추정됩니다. 이때 사람들은 악한 기운이나 나쁜 공기를 탓했지만 주로 감염이 원인이었습니다.

당시 잉글랜드의 주거 환경은 감염성 질환이 퍼지기 더없이 좋은 조건이었습니다. 이질과 장티푸스 같은 수인성 전염병은 오염된 식수와 손에서 손으로 옮겨졌습니다. 16세기 런던에서는 플럭스라 불린 설사병이 아이들과 노약자를 집중적으로 덮

쳤고 열과 탈수로 빠르게 사망에 이르기도 했습니다. 당시 사람들은 나쁜 공기가 원인이라 믿고 민트, 로즈메리 같은 허브 향을 태워 방 안을 정화하려고 했지만 효과는 없었습니다.

장티푸스는 당시 '감옥열'이라고 불렸는데 감옥처럼 밀폐되고 비위생적인 환경에서 주로 발생했기 때문입니다. 1522년 케임브리지에서 열린 재판 기록에 따르면 수용자뿐 아니라 간수, 재판관, 관리들까지도 악취와 오염된 공기에 노출되어 질병에 걸려 다수가 사망하거나 위독한 상태에 빠졌다고 전해집니다. 이것은 감옥에 국한된 문제가 아니라 오염된 도시 환경에 노출된 서민들에게도 큰 위협이 되었습니다.

이 시대의 질병은 단지 개인의 고통을 넘어 도시의 문화를 바꾸었습니다. 여름철 부유층은 도시를 떠나 교외의 별장으로 피했고 길드와 시청은 방역을 위해 하수 정비, 도축장 이전, 매춘업 단속 같은 조치를 내렸습니다. 그러나 인구와 상업 활동의 급속한 증가를 따라잡기에는 역부족이었습니다.

1563년 런던의 흑사병이 폭발적으로 퍼졌을 때 인구의 4분의 1이 죽었는데 이질과 장티푸스, 매독 같은 만성 감염이 이미 사람들의 면역을 약화시킨 상태였기에 피해가 더 컸다는 분석도 있습니다.

이제 며칠간의 튜더 시대 여행을 마치고 현실로 돌아옵니다. 지금 우리에게 너무나도 당연한 깨끗한 물과 공기, 항생제와 백

초기 근대 런던의 흑사병 상황을 묘사한 목판화

신, 언제든 갈 수 있는 병원과 매주 찾아오는 쓰레기 수거차. 이제 이유도 모른 채 병들어 죽어갈 필요가 없는 세상에 살고 있습니다.

그러나 인류에게 200만 년 역사 대부분의 기간 동안 어느 하나도 당연한 것은 없었습니다. 그리고 이 모든 것들은 우리가 기억하지 못하는 수많은 사람의 희생을 통해 만들어지고 발전되어 왔습니다. 역사를 돌아보는 것은 과거를 잊지 않고 오늘의 삶을 기억하며 더 나은 미래를 향해 나아가기 위함이 아닌가 생각하게 됩니다.

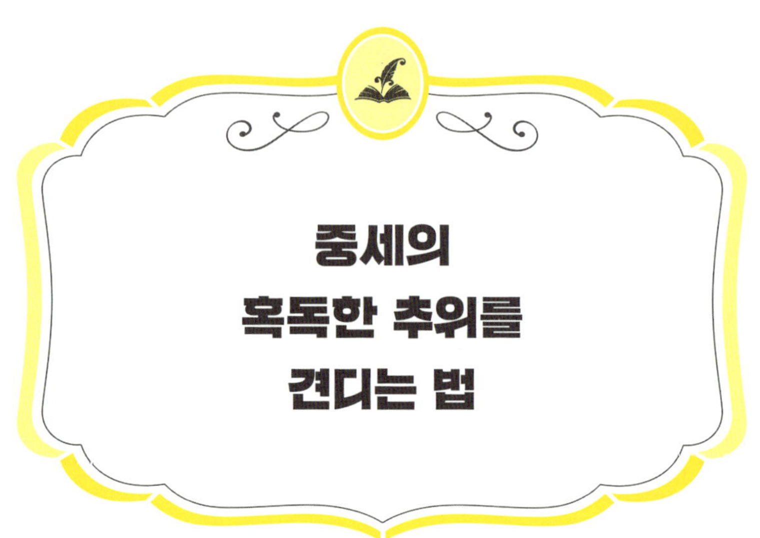

추운 겨울이 되면 우리는 편안하고 따뜻한 집에서 의자를 뒤로 젖힌 채 담요를 덮고 유튜브 영상을 봅니다. 맛있는 간식도 있다면 더 좋겠죠. 이런 편안함은 200년 전에는 상상하기도 어려운 것이었습니다.

특히 소빙하기라 불리는 시기(대략 1300년경부터 1870년)에 기아와 기근 그리고 수많은 질병에 시달렸던 중세 사람들은 유독 추웠던 겨울을 어떻게 견뎌냈을까요? 요즘처럼 다양한 취미 생활도 할 수 없던 그 시절, 사람들은 무엇을 하며 시간을 보냈을까요?

가축과 짚으로 버텨낸 혹한

사진이나 여행지 혹은 드라마나 영화에서 흔히 보이는 돌과 견고한 목재로 지어진 유럽의 집들은 대부분 17세기 이후 근대에 들어 도시에 지어진 건물이거나 영주 혹은 부유층의 것이었습니다.

실제로 중세 인구의 대부분을 차지했던 농민과 영세 상공인의 집은 현재 거의 남아 있지 않습니다. 따라서 중세 사람들이 석재와 목재로 만들어진 크고 예쁜 집에서 살았을 것이라 착각하기 쉽지만 대부분의 서민은 훨씬 초라한 초가집에서 생활했습니다.

습기와 배수 문제 그리고 해충을 방지하기 위해 집은 대체로 약간 높은 지형에 짓는 것이 선호되었고, 사람을 고용할 여유가 없어 대개는 스스로 만들어야 했습니다.

대부분은 구조가 매우 단순했고 내부에는 방의 구분이 없이 하나의 공간으로 이루어져 있었습니다. 그리고 한 공간에 돼지나 소, 닭 같은 가축들도 같이 생활했습니다. 이는 가축이 얼어 죽는 것을 막기도 하고 가축의 체온으로 조금이나마 온기를 더하기 위해서였습니다.

가끔 돌을 사용하기도 했지만 대부분의 가난한 농민들은 나뭇가지와 짚 그리고 흙을 쌓아서 벽을 만들었고 지붕은 짚이나

벽을 나뭇가지와 흙으로 덮은 농민의 집

갈대를 묶어서 덮었습니다.

한국의 초가집과는 달리 높이가 높고 경사가 급하게 만들어 졌는데, 이는 눈이나 비가 잘 흘러내리게 하고 내부를 건조하게 유지하기 위한 것이었습니다. 지붕은 정기적인 교체나 덧씌우 기가 필요했습니다.

난방과 요리를 위한 화로나 화덕은 집의 가운데에 놓였으며 지붕에는 환기 구멍이 있었습니다. 그러나 화로에서 나오는 연 기 냄새가 집 안을 가득 메웠고 특히 겨울철에는 그을음이 금방 쌓였습니다(그을음이 천장에 쌓이면 어느 정도 방수 기능도 했다고 합 니다).

단열 기술이 거의 없었던 중세의 집들은 내부로 차가운 외풍 이 들이닥쳤고 겨울에는 매우 추웠습니다. 유리창은 오직 부유층만이 사용할 수 있었고, 가난한 사람들은 벽 틈새를 막기 위해 종이나 나뭇잎을 사용하는 것이 고작이었습니다.

매우 추운 날에는 불이 활활 타오르는 화로 옆에서 돼지를 안고 누워 있기도 했습니다. 가축과 함께 뒹구는 생활이 그리 낭만적으로 보이지는 않지만 그래도 장작만 있다면 그나마 행복한 편이었습니다. 주변에 산림이 충분하지 않거나 영주 소유의 숲으로 둘러싸여 있다면 땔감을 구하는 것도 힘든 일이었습니다.

많은 경우 숲에서 나무를 채취하려면 영주의 허가를 받아야 했고 불법으로 나무를 채취하다 발각되면 벌금을 물거나 형벌을 받기도 했습니다. 이러한 문제가 없다 해도 특히 건강한 남성이 없는 가정에서는 눈 쌓인 숲에서 장작을 마련하는 일조차 힘겨운 일이었습니다.

바닥은 대개 흙바닥이었는데 겨울에는 습기를 막기 위해 마른 짚이나 풀을 깔아 사용하기도 했습니다. 가구는 최소한이었고, 주로 손으로 간단히 만든 의자와 탁자 그리고 침대가 있었습니다. 테이블과 침대는 화로 주변에 배치되어 조금이라도 따뜻함을 더할 수 있도록 했고, 짚으로 채운 천이나 가죽을 침대 삼아 잤는데 가축과 함께 자는 경우도 흔했다고 합니다.

대가족이 한 공간에서 함께 생활했던 중세 서민의 집에서 사생활은 전혀 기대할 수 없었고 가축과 생활하며 벌레가 들끓었으며 질병이 퍼지기 쉬웠습니다.

그러나 이러한 생활환경은 유럽인들의 질병에 대한 면역을 키워 주기도 했던 반면 이 면역력을 갖춘 이들이 훗날 신대륙에 전염병을 퍼뜨려 많은 이를 죽음으로 몰기도 했습니다.

리넨을 껴입고 핫팩으로 버틴 겨울

요즘에는 화학 섬유 기술의 발달로 옷을 매우 저렴하게 만들 수 있지만 중세에는 옷 자체가 매우 귀했습니다. 당시 옷의 재료는 양모, 가죽 또는 리넨이 일반적이었습니다.

비단은 서민에게 너무나 비쌌고 돈이 있다 해도 사치 금지법에 따라 입는 것 자체가 금지되기도 했었습니다. 양모나 가죽도 그 당시 대부분의 인구를 차지한 농민들에게는 상당히 비싼 재료였기 때문에 겉옷을 제외하고는 주로 리넨으로 만든 옷을 입었습니다.

리넨은 아마로부터 만들어지는 우리나라의 모시와 유사한 직물인데, 이 아마를 수확하고 건조와 세척을 거쳐 섬유를 분리하고 방직기를 사용해 직물을 짜는 과정은 매우 힘들고 많은 노동력을 필요로 했습니다.

참고로 15세기 대항해 시대는 아시아에서 값싸고 품질 좋은 직물을 포함한 다양한 무역품을 확보하기 위해 원거리 항로 개척의 일환으로 시작되었습니다. 그리고 18세기 산업혁명은 방적기의 발전과 증기기관의 도입이 중요한 촉매제가 되었습니다. 그만큼 산업혁명 전까지 중세 유럽의 섬유 산업은 아시아에 비해 뒤처져 있었고 고급 직물이나 옷감을 만들 재료는 상대적으로 부족했습니다.

추운 날 중세 서민들은 집 안에 있을 때 가능한 모든 옷을 껴입었습니다. 당시에 거친 울 섬유는 까끌거렸기 때문에 주로 리넨으로 만든 옷을 안에 입었습니다. 리넨은 세탁과 건조가 용이해 몸의 때가 울이나 가죽 옷에 묻지 않도록 도왔습니다.

당시 사람들은 서민뿐만 아니라 부유층과 귀족도 거의 목욕을 하지 않았습니다. 이로 인해 몸에서 나오는 땀이나 오염 물질이 겉옷에 닿지 않게 하기 위해 속옷은 필수였습니다. 또 정장 안에 와이셔츠를 입는 문화도 이런 이유에 기원을 두고 설명하기도 하는데, 이에 따르면 와이셔츠의 깃이나 소매가 재킷보다 긴 이유도 이와 관련이 있다고 합니다.

겨울철 외출 시에는 부츠, 울 장갑, 스카프, 망토 등을 착용했습니다. 손난로도 인기였는데 부유한 사람들은 금속 손난로를 사용했으며, 내부에 뜨거운 숯을 넣어 온기를 오랫동안 유지할 수 있도록 만들어 주머니에 넣고 다녔습니다. 가난한 사람들은 벽돌이나 돌을 불에 달군 후 천으로 감싸 가지고 다니거나 잘 때 침대로 가져가 중세식 핫팩으로 사용했습니다.

중세 잉글랜드 농민 남성들이 주로 입던 무릎길이의 헐렁한 상의인 튜닉은 주로 양모로 제작되었습니다. 튜닉은 허리띠로 조여 착용해 활동성을 높였습니다. 바지는 헐렁한 속바지이거나 무릎길이로 보통 리넨으로 만들어져 튜닉 아래에 착용했습니다.

양말은 리넨이나 양모로 만들었고 다리 전체를 덮어 보온을 높였습니다. 그 외 간단히 천으로 만들어진 모자는 햇볕과 추위를 막는 역할을 했으며, 신발은 주로 가죽으로 만들어졌고 발목 길이로 착용했습니다. 추운 날에는 안에 짚이나 헝겊을 넣고 다녔다고 합니다.

그리고 여성들은 일반적으로 리넨으로 만든 셔츠를 입었는데 피부를 보호하고 땀을 흡수하기 위해서였습니다. '커틀'이라고 하는 드레스는 발목 길이의 원피스 형태로 튜닉보다 헐렁했지만 허리띠를 조여 입었습니다.

일할 때는 앞치마를 착용했는데, 앞치마는 일상적인 노동에서 옷을 보호하는 매우 중요한 역할을 했습니다. 머리를 감싸는 두건은 간단히 천으로 만든 것으로 청결을 유지하고 햇볕을 차단하는 데 사용되었습니다.

겨울철에는 망토를 착용하여 보온을 유지했습니다. 망토는 양모로 만들어졌으며 어깨에 버클이나 끈으로 고정되어 보온 기능을 했습니다. 옷이 귀했기 때문에 떨어지거나 해지면 덧대

중세 남성 상의인 '튜닉'과 여성 드레스 '코타'

기를 하거나 재봉하여 입었고 심지어는 귀족 계층도 수선해 입었다고 합니다.

그러나 수선이 한계에 이르러 완전히 입을 수 없을 정도로 낡으면 이는 걸레나 담요 또는 베개를 채우는 용도로 활용되었습니다. 또 쓸 수 있는 부분을 잘라서 아이들의 옷을 만들기도 했고, 긴 드레스가 해지면 짧은 튜닉으로 만들거나 커튼이나 방석의 재료로 활용하기도 했습니다. 아무리 낡은 옷이라도 버리는 일은 거의 없었고 어떻게든 재활용했습니다.

모든 것을 파괴한 소빙하기

소빙하기 동안 유럽 대륙 전역이 극심한 겨울을 경험했습니다. 특히 1363년과 1364년 겨울, 12월부터 3월까지 유럽의 주요 강과 호수가 얼어붙었고 그중 라인강은 70일간 얼어 있었으며 쾰른에서는 얼어붙은 강 위에서 시장이 열리기도 했습니다. 벨기에의 포세스 마을은 3개월 이상 눈에 뒤덮였고 농작물은 얼어붙고 가축들은 죽어갔습니다.

사람들이 얼어붙은 강 위에서 물건을 사고팔던 모습은 마치 다른 세상에 있는 것처럼 신기하고 이례적인 일이었습니다. 하지만 그 시절 사람들에게 강이 얼어버린 것은 생사의 문제였고 그들은 얼어붙은 강 위를 위험을 무릅쓰고 건너야 했습니다.

하지만 추위와 폭설로 인한 재앙은 여기서 끝나지 않았습니다. 1352년 2월에는 베네치아 석호와 보르도 근처 대서양 지롱드강 어귀까지 얼어붙었습니다.

1359년 겨울에도 눈이 별로 내리지 않는 중부 이탈리아에 눈이 너무 많이 내려 거리가 막혔고 볼로냐에서 눈이 무려 5.5m까지 쌓였다는 기록이 있습니다. 당시 이탈리아의 도시들은 눈을 치우지 못해 며칠 동안 집에 갇힌 사람들도 있었고 그 피해는 상상 이상이었습니다.

심지어는 남쪽 지역인 프랑스의 몽펠리에에서도 1389년 겨울에 끔찍한 상황이 발생했습니다. 당시 폭설로 인해 농장이 무너지고 집들이 붕괴되어 많은 사람이 추위와 굶주림에 시달리며 목숨을 잃었습니다.

이처럼 소빙하기 동안의 추위는 단순히 날씨의 변화만이 아니라 농업과 경제를 파괴하며 수많은 비극을 불러왔습니다. 1315년 대기근이 그 예인데, 차가운 날씨와 장기간 폭우 및 침수로 인해 농작물을 재배할 수 없었고 유럽 전역에서는 수백만 명이 굶주림과 관련된 질병으로 사망했습니다. 기근은 당시 사람들에게 큰 충격을 주었고 그 후에는 흑사병과 같은 전염병이 유럽을 휩쓸었습니다.

흑사병은 추위와 기근으로 면역력이 약해진 사람들에게 치명적인 타격을 주었고 1347년부터 1351년까지 유럽에서 약 2,500만 명에서 5,000만 명이 사망하는 대재앙으로 이어졌습니다.

추위로 인한 피해는 그칠 줄 몰랐습니다. 1315년부터 1317년까지 이어진 잉글랜드의 대기근은 특히 악명 높았습니다. 농민들은 수확을 할 수 없었고 가축들도 얼어 죽거나 병에 걸려 죽었습니다. 그로 인해 잉글랜드에서는 수많은 사람이 기아로 죽었으며 사회 전반에 극심한 혼란과 절망을 초래했습니다.

소빙하기는 단순히 추위만을 의미하지 않았습니다. 이것은 농업의 파괴, 경제의 붕괴, 사회적 혼란을 초래하며 유럽 역사에서 중요한 전환점을 만들었는데, 이는 결국 유럽이 근대화의 길로 접어들게 하는 중요한 계기가 되었습니다.

긴 겨울나기를 위한 준비

중세 농업 공동체에서는 겨울을 준비하기 위해 1년 내내 쉼 없이 노력해야 했습니다. 농사를 지어 수확하면 소작농은 10분의 1에서 많게는 절반을 지주에게 소작료로, 10분의 1을 교회에 십일조로 내었으며 영주의 요구에 따라 노동력의 제공이나 병역의 의무도 주어졌습니다. 도시 인근에 사는 일부 자유농은 소작료를 내지 않아도 되었지만 이는 극소수였고, 대부분의 농민은 소작농이었습니다.

겨울을 대비한 준비는 연중 이어졌습니다. 장작은 봄부터 여름 내내 모아야 했으며 가을의 수확물은 대부분 겨울을 나기 위해 저장되었습니다. 고기와 농산물을 보관하기 위한 절임, 훈제, 건조, 염장과 같은 방법이 필수적이었습니다. 1352년 베네치아 석호가 얼어붙은 사건처럼 식량의 수송과 교환이 불가능해지면 이렇게 보관된 식량이 농민들의 유일한 생명줄이었습니다.

중세의 겨울철 기온은 농민들에게 큰 도전이었고 이는 종종 기근과 재앙으로 이어졌습니다. 앞서 얘기한 1315년 대기근에 사람들은 살아남기 위해 풀이나 나무껍질을 삶아 먹고 고양이,

겨울을 대비해 고기를 손질하는 중세의 정육 장면

개는 물론 쥐나 오소리 같은 동물도 잡아먹었습니다.

기아가 극심했던 일부 지방에서는 굶어 죽은 이웃의 시신을 먹거나 그 뼈를 부러뜨려 골수를 먹기도 했다고 합니다. 가을에 수확한 곡물, 곡식, 콩류는 건조시켜 항아리에 저장하고 스튜, 수프, 빵, 비스킷 등을 만드는 데 사용했습니다.

신선한 과일과 베리는 겨울에 귀했기 때문에 여름 동안 말리거나 절여 보존했습니다. 또 염소, 소, 닭 등으로부터 얻는 유제품도 중요한 식량 자원이었습니다. 우유는 버터, 치즈 또는 요거트로 변환되었고 스칸디나비아 지역에서는 스키르라는 시큼하게 발효된 유제품을 대량으로 소비했으며, 제조 후 남은 유청은 대형 통에 담아 절임에 사용했고 이 통에 염장 또는 훈제된 고기를 저장하기도 했습니다. 염장, 훈제, 건조된 양고기, 쇠고기, 햄, 생선은 오랫동안 보관할 수 있는 주식이었습니다.

물은 근처 우물이나 강과 가까운 곳에 살면 문제되지 않았으며 추위가 극심한 날씨에는 눈을 녹여 음료수로 사용하기도 했습니다. 그러나 이런 준비에도 불구하고 기후 변화와 기근이 지속될 때마다 사람들은 생존의 위협을 받았습니다.

중세 유럽의 겨울철 식량 준비와 기근은 단순한 생존 문제가 아니었습니다. 이는 기후 변화, 정치적 불안정 그리고 경제적 위기와 맞물려 있었습니다. 그런 상황 속에서 농민들은 어렵게 얻은 수확물을 바치거나 나누어야 했고 그들의 식량을 지키기 위해 필사적인 노력을 기울여야 했습니다. 중세 유럽 사람들의 겨울나기는 혹독하기 그지없었습니다.

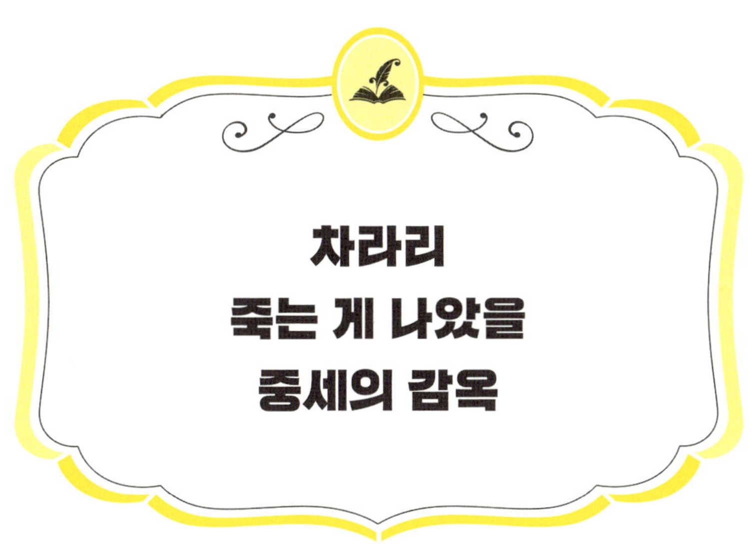

차라리
죽는 게 나았을
중세의 감옥

이름도, 수감 번호도 없이 단 한 장의 명령서와 함께 온 죄수는 지하 감옥의 어두운 구멍 속으로 던져집니다. 약 4m 아래 차가운 돌바닥으로 떨어진 그의 몸에서는 고통스러운 신음이 흘러나옵니다. 아마도 떨어지면서 부상을 입은 듯합니다.

우물 바닥 같은 이 감옥에는 문도, 창도, 쇠창살도 없습니다. 그가 떨어진 후 닫힌 천장의 뚜껑만이 세상과 이어진 유일한 통로입니다. 감옥은 겨우 사방 1m였고, 눕는 것도 불가능했습니다. 가장 끔찍한 것은 이제부터 누구도 그를 찾으러 오지 않을 것이라는 사실이었습니다.

다행히 이 방에는 앞서 죽은 이의 잔해는 남아 있지 않았습니다. 그러나 수많은 사람이 외롭게 고통스러운 죽음을 맞이한 이곳에는 절망의 냄새가 짙게 배어 있었습니다. 이곳은 '우블리에트Oubliette'라 불리는 지하 감옥이었습니다. 프랑스어 '우블리에Oublier', 즉 '잊다'라는 단어에서 유래된 이름처럼 한번 이곳에 던져진 이는 세상에서 완전히 잊히게 됩니다.

죽음의 지하 감옥, 우블리에트

지하 감옥은 대부분 수직형 구조로, 죄수는 위에서 밀어 떨어뜨리는 방식으로 감금되었습니다. 일부 우블리에트는 바닥에 못이 설치되어 있어 앉는 것도 불가능했습니다. 비좁은 공간에서 죄수는 밤인지 낮인지도 모른 채 그대로 서 있는 자세로 버텨야 했고, 그 상태로 며칠에 걸쳐 신체는 점차 기능을 잃어갔습니다.

게다가 많은 이가 감옥에 떨어지기 전부터 이미 극심한 형벌을 당한 상태였습니다. 관절은 손상되어 있었고, 피부 곳곳에는 고문의 흔적이 남아 있었으며, 온전한 몸을 유지한 사람은 거의 없었습니다.

간혹 약간의 음식이나 물이 천장의 작은 구멍을 통해 축축하고 오물이 쌓인 바닥으로 던져졌지만, 하루의 삶이 연장된다는 것은 하루 더 고통을 견뎌야 한다는 의미일 뿐이었습니다.

프라하성에 보존된 우블리에트와 고문실

이 끔찍한 감옥은 중세 말부터 근세 초까지 유럽과 중동 전역에서 사용되었으며, 프랑스의 바스티유 감옥뿐 아니라 루아르 계곡의 로슈 요새, 몽생미셸 수도원, 영국의 워릭성, 스코틀랜드의 던노타르성 등에서도 널리 사용되었습니다.

이들은 대개 성채나 요새, 수도원 지하에 설치된 비밀 감옥으로 죄수는 철저히 격리된 채 외부와의 접촉 없이 고립되었고, 대부분은 체력이 소진되고 신체가 기능을 잃어가며 극심한 고통을 겪어야 했습니다.

어느 금요일 오후, 왠지 낭만적일 것 같은 18세기 프랑스로 여행을 간다고 가정해 봅시다. 모처럼의 여행이라 자주색과 금색으로 수놓은 고풍스러운 옷을 입고 도착한 곳은 1770년 루브르 궁전입니다.

이 웅장하고 아름다운 건물을 감상하다 배가 고파진 당신은 낭만적인 저녁 식사를 떠올렸습니다. 당신은 구운 닭 한 마리와 와인을 사서 가까운 튀일리 정원으로 향했습니다. 노을에 비친 아름다운 정원, 고급스러운 벤치에 앉아 은은하게 들리는 교회 종소리를 들으며 와인과 닭고기를 즐기고 있을 때, 어느 귀족의 옷을 입은 사람이 지나갔고 당신은 손을 흔들어 인사를 건넸습니다. 귀족이 놀란 얼굴로 당신을 바라보자 당신은 얼굴에 뭐가 묻었나 거울을 꺼내 보았지만 와인을 마신 당신의 얼굴은 그저 행복해 보일 뿐입니다.

낭만의 시대에서 마주한 뜻밖의 낙인

잠시 후 군인들이 몰려와 다짜고짜 당신을 체포했습니다.

"왜 나를 체포하는 거죠? 나는 아무 짓도 하지 않았어요!"

"당신이 도대체 얼마나 많은 죄를 지었는지 알기나 하시오?"

네, 그렇습니다. 당신은 방금 순식간에 여덟 가지의 죄를 지었습니다. 우선 당신은 자주색과 금색이 들어간 옷을 입었습니다. 이 색은 오직 귀족과 왕족만이 입을 수 있는 색상으로, 이 색상이 들어간 옷을 입는다는 것은 신분법을 어긴 죄에 해당했습니다.

둘째, 당신은 튀일리 정원의 어느 고급스러워 보이는 벤치에 앉았습니다. 하지만 그 벤치에는 귀족 가문의 문장이 새겨져 있었고, 서민이 그 위에 앉는 것은 문장을 더럽히는 모욕죄에 해당했습니다. 별거 아닌 듯 보여도 그 당시에는 처벌받기에 충분한 죄였습니다.

셋째, 금요일에는 고기를 먹을 수 없었습니다. 교회법을 어기거나 신앙이 의심되는 행동들은 모두 형사처벌의 대상이었는데, 공원에서 버젓이 고기를 먹는다는 것은 용서받기 어려운 범죄였습니다.

그리고 와인을 마시는 것 자체는 문제가 아니지만, 귀족이 지나가는 공공장소에서 당신 같은 서민이 와인을 마시는 것은 신분 질서를 흔드는 일이었고, 귀족에 대한 무례이며 범죄로 취급되었습니다.

교회의 종소리가 들리면 지나가는 사람들은 모자를 벗고 고개를 숙인 채 가만히 멈춰서야 했습니다. 교회 종소리가 울리는데도 여전히 벤치에 앉아 닭 다리를 뜯던 당신은 신에게 불경을 저지른 것으로 간주되어 신성을 모독한 행위로 취급되었습니다.

게다가 당신은 지나가는 귀족에게 손을 흔들기까지 했습니다. 하층민이 귀족에게 먼저 말을 걸거나 아는 체를 하는 것은 계급 질서에 대한 도전이며 귀족에 대한 모욕으로 간주되었기 때문에 처벌받기에 충분했습니다.

공공장소에서 거울을 꺼내 얼굴을 보는 것 또한 금기였습니다. 당시 유럽에서 거울은 허영과 마녀성의 상징이었고, 남성이든 여성이든 거리에서 거울을 꺼내 본다는 것은 마법이나 이단적 행동으로 취급될 수 있었습니다. 게다가 귀족이 보는 앞에서 거울을 보며 미소와 함께 만족한 표정을 지은 당신은 신분 질서를 어지럽히는 행농으로 즉시 끌려가 처벌을 받아도 전혀 이상하지 않았습니다.

그날 밤, 당신은 샤틀레라고 불리는 파리 시청 건물의 지하 유치장으로 끌려갔습니다. 이곳은 열악한 환경의 임시 유치장이었고, 대개 하층민들이 수감되었습니다. 함께 갇힌 사람들은 그날 밤 술에 취해 비틀거렸거나, 남성들과 요금을 협상하다 붙잡힌 거리의 여성들이나 노숙자들, 또는 부랑아들이었고, 이는 모두 가벼운 범죄로 취급되었는데 대부분은 벌금형이나 태형으로 다스려졌습니다.

하지만 당신의 불운은 거기서 끝나지 않았습니다. 당신의 몸에서 나온 스마트폰은 당시 사람들 눈에는 그야말로 악마의 물건처럼 보였을 겁니다. 반짝이는 유리, 빛나는 화면, 그리고 터치할 때마다 반응하는 이 괴상한 액정은 마치 마법의 거울처럼 보였죠.

게다가 당시에는 나일론과 아크릴 소재의 옷을 입고, 중세 프랑스어를 거의 하지 못한다면 수상한 적국의 첩자 내지는 떠돌이 마법사로 여겨졌고, 게다가 튀일리 정원에서 당신에게 모욕을 당한 것으로 여긴 귀족은 당신을 반역 가능성이 있는 위험인물로 지목했습니다. 결국 당신은 악명 높은 바스티유 감옥으로 끌려가게 되었습니다.

중세 초기에는 비용과 번거로움 때문에 범죄자를 감옥에 가두는 것보다 즉시 처분하는 방식이 선호되었습니다. 즉, 가벼운 범죄는 벌금이나 태형으로, 중대한 범죄는 신체 일부를 절단하거나 사형으로 다스리는 일이 일반적이었습니다.

하지만 계속되는 전쟁을 겪으며 적국의 포로가 몸값을 통해 많은 돈을 벌 수 있다는 인식이 퍼지면서 기사들은 포로를 잡기 위해 경쟁적으로 전쟁에 참여하기 시작했고, 그들이 잡은 포로들을 위한 감옥이 늘어나게 되었습니다.

당신이 여행을 간 1770년 무렵의 프랑스에서는 다양한 감옥이 존재했으며, 죄인의 종류에 따라 수감되는 장소도 달랐습니다. 살인, 강도, 방화와 같은 중범죄자들은 보통 콩시에르주리 같은 법원 직속 감옥에 보내졌습니다.

이 감옥은 센강 옆에 위치한 파리 고등법원(팔레 드 쥐스티스)의 일부로, 재판 대기 중인 죄수들과 사형 선고를 받은 이들이 마지막 시간을 보내던 곳이기도 했습니다. 바로 이곳에서 프랑

마리 앙투아네트가 머물던 감방

스 혁명의 여왕 마리 앙투아네트가 단두대에 오르기 전 최후의 밤을 보냈으며, 그녀가 앉았던 작은 나무 의자와 회색 벽은 오늘날까지도 죽음을 기다리는 공간으로 남아 있습니다.

그러나 당신처럼 정체를 알 수 없고, 기괴한 언어와 물건을 사용하며, 수상한 복장과 행동을 지닌 자는 일반 감옥으로 가지 않았습니다. 그들은 법을 통해 다루기에는 너무 불확실하고, 재판을 기다리기에는 너무 위험한 존재였습니다.

재판도, 판결도 없이 세상에서 지워지는 곳

당신이 끌려가는 곳은 바로 왕의 명령 없이 아무도 들여다볼 수 없는 철문과 석벽 뒤편, 이름 없는 방들로 이루어진 감옥이었습니다. 외부에서는 그곳을 바스티유라 부르지만, 안에 갇힌 사람들은 그곳이 무덤인지 지옥인지조차 몰랐습니다. 누군가는 이곳에 27년간 아무런 재판 없이 갇혀 있었다고 했고, 어떤 감옥에는 "나는 왜 갇혔는지도 모른 채 죽어간다"라고 벽에 긁어 쓴 낙서도 남아 있었습니다.

바스티유는 원래 14세기 후반 잉글랜드군의 침입에 대비해 지어진 요새였지만, 시간이 지나며 프랑스 왕실의 비밀 감옥이자 권력의 상징으로 변모했습니다. 외벽은 높이 24m, 두께 3m의 석벽으로 둘러싸여 있었고, 내부에는 각각 이름 대신 숫자로 불리는 여덟 개의 탑과 수십 개의 방이 연결되어 있었습니다.

바스티유는 단순한 감옥이 아니었습니다. 왕의 한마디면 누구든 이유 없이 들어갈 수 있었던 장소, 재판도 판결도 없이 세상에서 잊히는 장소였습니다.

이곳에는 철학자 볼테르도 두 번이나 수감되었는데, 그가 첫 번째로 갇혔을 땐 자신을 고발한 사람이 누구인지 묻지도 못한 채 11개월을 보냈고, 바깥세상과 완전히 단절된 채 책과 촛불로만 시간을 버텨야 했습니다.

심지어 바스티유에서 가장 오래 갇혀 있던 인물은 무려 34년 간 수감된 미겔 드 라베르라는 남성으로, 왜 갇혔는지 모른 채 죽을 때까지 풀려나지 못했습니다. 왕이 위협 인물이라 생각하면 그 이유를 밝힐 필요조차 없었던 시대, 바스티유는 그 권력의 벽을 물리적으로 구현한 공간이었습니다.

지하 감옥인 우블리에트는 단지 죄인을 가두는 장소가 아니라 존재 자체를 역사에서 지워버리는 도구로 사용되었습니다. 이러한 공간은 종종 공식 문서에는 존재하시 않는 비공식적인 지하실에 위치했고, 죄수가 수감된다는 사실조차 공개되지 않았습니다.

1770년대 말 바스티유 감옥을 방문한 영국의 한 귀족은 지하에는 말할 수 없이 썩은 공기가 흐르며, 철문 너머에 사람이 있는 듯한 기척은 들렸지만 아무도 확인하려 하지 않았다고 기록했습니다.

우블리에트의 가장 무서운 점은 그 존재가 소문과 공포로만 남았다는 사실입니다. 누구나 그곳이 존재한다는 이야기는 들었지만 실제로 내부를 본 사람은 극소수였고, 살아서 돌아온 일은 더더욱 없었습니다.

지하 감옥으로 던져진 죄수는 몇 달이 지나도록 방치되었고, 때로는 그 위로 다음 죄수가 떨어지기도 했습니다. 1920년대 아일랜드의 리프성을 개보수하던 과정에서는 무려 스무 세대 분

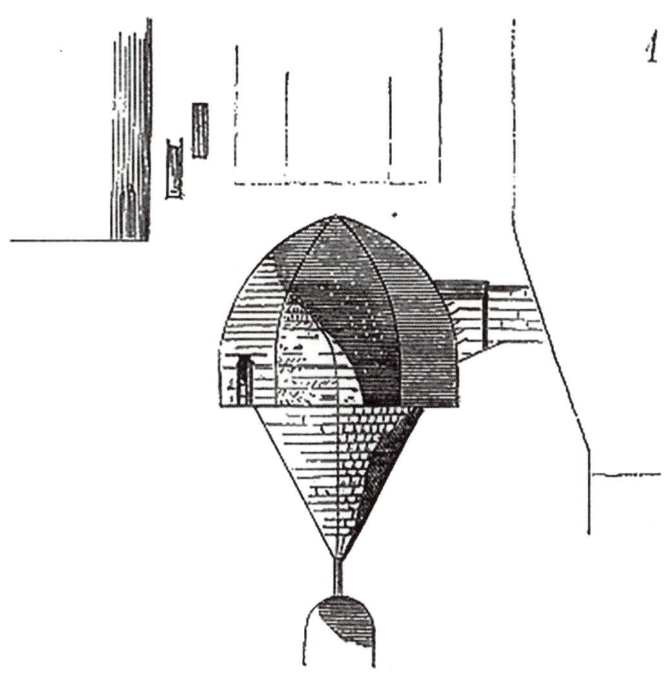

파리 바스티유 감옥에서 발견된 것으로 추정되는 지하 감옥의 도면

량의 인골이 발견되었다고 합니다.

다행히 당신은 우블리에트에 던져지지는 않았습니다. 하지만 이름도 국적도 신분도 불분명한 당신은 바스티유 감옥 내에서 국가의 질서를 위협할 수 있는 존재로 분류되었습니다. '한국에서 왔다'고 주장해도, 그곳이 어느 지역인지 아는 사람은 아무도 없었습니다.

결국 감옥 관리는 곧 진실을 말하게 하는 방법을 택했습니다. 처음에는 단순한 질문과 답변이 오갔지만, 곧 당시의 관행내로 고문 절차가 시작되었습니다. 당신은 커다란 나무틀에 묶이고 발목과 손목이 밧줄로 단단히 감겼습니다. 즉, 죄수의 몸을 공중에 매달았다가 갑자기 떨어뜨렸다가 다시 잡아당기는 형태의 고문이었습니다. 이 과정에서 관절은 순식간에 탈구되고 극심한 고통이 뒤따랐습니다. 그 외에도 손톱 부위에 고통을 가하거나, 오랜 시간 뻗은 자세로 세워두는 방식 등 다양한 고문이 이어졌습니다.

그러나 문제는 당신이 말할 수 있는 것이 없다는 점이었습니다. 그들은 마치 진실이 숨겨져 있다고 믿는 듯 계속해서 같은 질문을 반복했습니다.

"너는 어느 나라 첩자냐? 이 작고 빛나는 물건은 무엇에 쓰는 것이냐? 그 안에 숨겨진 암호는 무엇이냐?"

당신은 울부짖으며 진심을 말하지만, 그들은 당신의 말을 이

해할 수 없었습니다. 고통과 혼란 속에서 과연 살아서 돌아갈 수 있을까 하는 두려움에 사로잡힌 채 서서히 의식을 잃어갔습니다.

의식을 잃고 나서 얼마나 시간이 흘렀을까. 눈꺼풀이 천천히 열리고 시야가 흐릿하게 돌아오기 시작했습니다. 싸늘한 돌바닥도, 썩은 물 냄새도, 천장에서 떨어지는 물방울 소리도 더 이상 들리지 않았습니다.

당신은 익숙한 공간에 누워 있었습니다. 바로 당신의 집입니다. 소파는 그대로였고, TV에서는 일요일 밤 뉴스가 조용히 흘러나오고 있었죠. 순간 떠올랐습니다. 출발 전 혹시 모를 상황에 대비해 정해진 시간이 지나면 자동으로 돌아오도록 설정해 두었던 복귀 타이머가 결국 당신을 다시 현실로 되돌려 놓았습니다.

당신은 안도하며 숨을 깊이 들이마셨습니다. 어둠 속에서 있었던 시간, 발밑의 뼛조각, 갇힌 채 울려 퍼지던 심장 소리. 그 모든 기억은 아직 생생하고, 탈구된 관절의 고통도 여전히 남아 있는 듯했습니다.

이제 당신이 알고 있던 세계는 더 이상 예전과 같지 않았습니다. 뉴스 앵커의 목소리도, 벽시계의 초침 소리도, 심지어 따뜻한 전등 빛마저도 낯설게 느껴졌습니다.

구걸할 힘조차 잃은 사람들

1877년 런던의 세인트 자일스 구빈원 앞 계단에 몇 명의 '크롤러Crawler'들이 서로의 체온으로 온기를 나누며 앉아 있습니다. 당시 런던에는 집도 없고 끼니조차 해결하기 어려운 사람들이 거리에 넘쳐나고 있었기 때문에 1835년 이후 많은 구빈원이 설치되었습니다.

구빈원은 거리에서 방황하다 굶거나 얼어 죽는 사람들을 구제하기 위해 만들어진 시설이었습니다. 이곳에 들어가기 위해서는 별도의 심사를 거쳐야 했고 또 들어간다 하더라도 나이와 성별에 따라 분리된 건물에서 죄수복과 비슷한 복장을 하고 정해진 노동을 해야 했습니다.

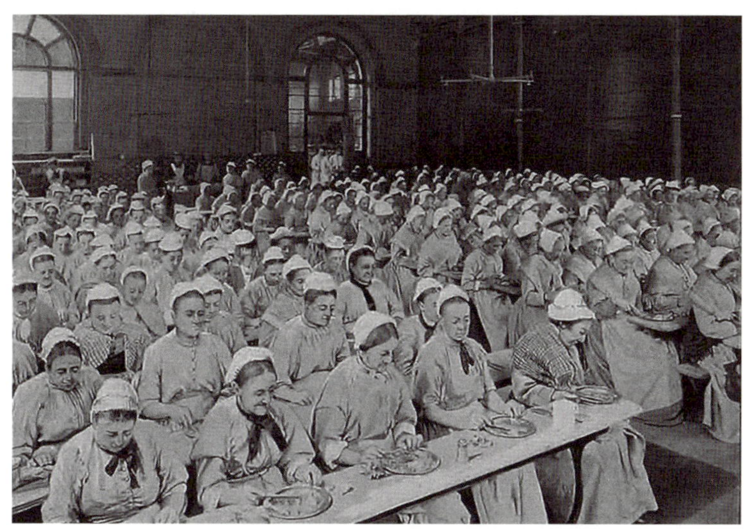

1900년대 런던 구빈원에서의 저녁 식사

구빈원에 들어가는 것은 가족을 포기하는 수치스러운 행동으로 여겨졌고 사람들은 그곳을 '빈민의 감옥'이라고 불렀습니다.

노숙자의 도움에 기대는 사람들

크롤러라는 말은 구걸할 힘조차 없어 기어 다니는 것밖에 할 수 없는 사람들을 일컫는 말이었습니다. 이들은 1877년 발행된 존 톰슨과 아돌프 스미스의 사회 보고서인 《런던의 거리 생활 Street Life in London》에서 처음 소개되며 세상에 알려졌습니다.

최초로 크롤러의 존재를 소개한 사회 보고서 《런던의 거리 생활》

보고서에 따르면 크롤러는 주로 병들거나 장애가 있거나 나이가 많거나 어린아이들이었는데, 이들은 거리에서 다른 노숙자들과 빵 한 조각을 두고 싸울 힘도 없었고 좋은 자리를 차지할 수도 없었습니다. 그래서 지나다니는 사람들에게 적선을 받을 가능성도 별로 없는 구석진 곳에서 웅크리거나 벽에 기대 반쯤 죽은 상태로 지내는 것이 보통이었습니다.

이들이 생존을 유지할 수 있었던 것은 주로 다른 노숙자나 부랑인들 또는 평소 안면이 있던 극빈층 친구들이 이들을 불쌍히 여겨 가끔 가져다주는 최소한의 음식이 있었기 때문이었습니다.

그 음식들은 오래되어 상한 빵이나 한 번 사용한 찻잎, 그리고 크리스마스 같은 명절이나 특별한 날에는 약간의 파리가 날리는 고기도 기대할 수 있었습니다.

근처 드루리 레인이라는 거리에 있는 카페에서는 무료로 따뜻한 물을 제공해 주었기 때문에 찻잎이 있다면 따뜻한 차를 마실 수 있었는데 사실 이것은 그들이 즐길 수 있는 최고의 사치였습니다.

극도의 영양 부족과 희망 없는 삶은 이들을 죽음보다 나쁜 무기력한 상태로 몰아넣었습니다. 이들은 항상 졸고 있는 듯 보였지만 결코 깊은 잠에 빠지지는 않습니다. 어떤 사람들은 며칠 동안 제대로 눕지도 못한 채 구빈원의 딱딱한 돌계단에 앉아 머리를 문에 기대고 있습니다. 이곳은 이들이 방해를 받지 않고 머물 수 있는 몇 안 되는 곳입니다.

비가 올 때는 만약 바람이 적절한 방향으로만 분다면 문이 약간의 피난처를 제공하지만 대개 이들은 곧 비에 젖어 심각한 오한과 류머티즘을 겪습니다. 이러한 상황에서 깊은 잠은 사치에 불과하며 이들의 졸음은 끝없이 지속됩니다. 그래서 이들에게는 '도저Dosser'라는 별명도 있었는데 이는 '졸다Doze'라는 동사에서 유래한 것입니다.

누구나 크롤러가 될 수 있었다

게으르거나 잘못된 선택으로 인하여 이런 처지에 빠진 사람들도 있었지만 그보다 더 많은 사람은 어쩔 수 없이 이런 계층이 되었습니다.

다음의 사진 속 크롤러는 약 10년 전 세상을 떠난 재단사의 아내입니다. 남편이 세상을 떠난 뒤로 그녀의 딸은 대리석 세공을 하는 남자와 결혼했고 그 후 딸과 사위 그리고 어린 아들과 한 집에서 살았습니다.

그러나 여러 해 전, 사위가 건강 문제로 더 이상 일을 할 수 없게 된 이후 원래 서민이었던 이 가족은 극도의 빈곤 상태가 되었고 가족 간 다툼이 잦아졌습니다.

마침내 수년간의 갈등 끝에 어머니는 자신의 존재가 딸의 문제를 더 악화시키고 있다는 것을 깨닫고 이 불편한 가정을 떠났습니다. 그녀는 어린 아들과 함께 빈털터리로 거리로 나왔고 그 날부터 점점 더 비참한 처지로 전락하며 현재는 이 지역 크롤러의 일원이 되었습니다.

가족의 붕괴, 예기치 않은 건강 문제 또는 기타 외부 요인으로 인해 사회에서 버림받은 사람들을 구제할 수 있는 최소한의 사회 보장 시스템이 없던 시절, 이러한 처지에 놓인 사람들에게는 다른 선택이 없었습니다.

1877년 런던, 사진가 존 톰슨이 포착한 여성 크롤러

그녀는 남편이 떠난 후로 재봉 일을 하며 아이들을 키웠는데 이제는 나이 들고 눈이 잘 보이지 않아 그마저도 할 수 없습니다. 이제 노파가 된 그녀의 가장 큰 희망은 청소 일을 맡는 것입니다.

그러나 일을 구하려면 집 주소도 있어야 되고 일하러 갈 때 입어야 할 멀쩡한 옷도 있어야 합니다. 지금이야 옷이 흔하지만 당시 극빈층들은 떨어지거나 해지지 않은 멀쩡한 옷을 기껏해야 한두 벌 가지고 있을 뿐이었고, 그마저도 가족들이 일하러 갈 때면 돌아가며 입어야 했습니다. 그녀의 아들은 이제 15살이 되어 거리에서 생활하며 성냥을 팔고 있었습니다.

그 또한 집도 없고 누더기를 걸친 상태로 일을 구하기도 힘들었지만, 운 좋게 구했다 하더라도 구빈원 임시 병동에서 잤다는 게 발각되어 여러 번 해고당한 뒤 이제는 모든 의욕을 잃고 노숙자로 전락해 며칠에 한 번씩 어머니에게 음식을 가져다주고 있습니다. 그녀의 목표는 어떻게든 7실링을 벌어 옷을 한 벌 사 입고 농장으로 가서 일하는 것입니다.

그곳에서 1파운드 정도의 돈을 모으면 방을 구하고 아들과 함께 살 수 있을 것입니다. 그리고 그녀의 아들이 전당포에 맡긴 옷을 되찾고 일자리를 구하는 데 필요한 주소를 확보한다면 이 모자가 같이 벌어서 다시 서민으로 돌아갈 수도 있을 것입니다. 이 구빈원 계단에서 이 노파와 나란히 있던 다른 크롤러는 실제로 카페에서 일자리를 구했습니다.

어린아이를 가진 그 여성이 오전 10시부터 오후 4시까지 일하는 동안 이 노파가 아이를 돌보고 있습니다. 거리에는 비바람이 몰아치고 있었는데 숄로 어깨를 감싸 아이를 품에 안고 있습니다. 그녀는 이렇게 말합니다. "날씨가 추울 때면 아이가 머리를 내 턱밑으로 밀어 넣고 나에게 꼭 붙어 있어서 나도 따뜻해지고 아이도 따뜻해진다"라고 말입니다.

그녀가 아이를 돌보는 대가로 받는 보상은 한 잔의 차와 약간의 빵입니다. 그러나 이 소박한 식사가 항상 주어지지는 않았으며 그녀는 종종 차 없이 빵만 먹거나 빵 없이 차만 마셔야 했습니다. 이게 그의 하루 중에서 유일한 식사였습니다.

절망 그리고 희망

《런던의 거리 생활》의 저자 아돌프 스미스가 만난 또 한 명의 크롤러는 스코티라는 이름을 가진 여성이었는데, 그녀가 약속 시간에 나타나지 않는 바람에 사진은 찍을 수 없었다고 합니다. 그러나 인터뷰는 다시 진행되어 그녀의 이야기를 들을 수 있었습니다.

스코티는 키가 크고 매우 말랐으며 회색 머리카락을 가진 스코틀랜드 여성으로, 왜소한 몸에 꽉 끼는 허름한 방수 코트를 입은 모습이었습니다. 코트 아래로는 찢어진 천 조각이 삐져나와 있었는데 이는 제대로 된 속옷도 입지 못했다는 것을 말해주었습니다.

그녀가 가진 가장 고급스러운 물건은 2펜스를 주고 샀다는 고무로 된 신발이었습니다. 런던의 거리는 지금이나 그때나 매우 위험한 곳이었습니다. 비나 눈이 오는 날, 거리에서 자는 것도 고통스러운 일이었지만 반면에 날씨가 좋은 밤에는 부랑아들, 술주정뱅이, 양아치들을 피해서 가끔은 쓰레기 더미 뒤에 숨어서 자야 했습니다.

그녀는 최근 한 달 사이에 구빈원의 임시 병동에서 세 번 잤다는 이유로 3일 동안 삼베를 가르는 중노동을 해야 했습니다. 임시 병동은 구빈원에 입수하지 않았으나 절박하게 하룻밤 머물 곳이 필요한 사람들을 위해 잠자리를 제공하는 대신 오전에 몇 시간의 노동을 하고 나오는 곳이었습니다. 기자는 스코티에게 저녁 식사와 맥주를 사 주었지만 그녀는 게걸스럽게 먹지도 않았고 맥주도 마시지 않았습니다.

그녀는 읽고 쓸 줄 알았고 사용하는 언어도 꽤 기품이 있어 보여 출신이 궁금하지 않을 수 없었습니다. 스코티의 아버지는 인도와의 무역업을 통해 돈을 벌었는데 어느 날 배가 폭풍으로 침몰하는 바람에 가족은 아버지와 재산을 모두 잃었다고 했습니다.

그 후 그녀는 에든버러의 은행 간부로 일하는 남자를 만나 결혼했습니다. 남편은 은행원이었지만 경제관념이 거의 없어 모든 재산을 변호사의 손에 맡겼고 돈이 필요하면 변호사에게 돈을 내 달라고 하면서 살다가, 어느 날 남은 재산이 없다는 변호사의 통보를 받았습니다. 그는 그때까지 자신의 재산이 얼마인지도 몰랐다고 합니다. 변호사가 의심스러웠지만 지급 내역을 기록으로 남겨두지 않았기에 증명할 방법이 없었습니다.

그녀보다 한참 나이가 많은 남편이 퇴직하자 빈털터리가 된 부부는 런던으로 이사 왔는데 얼마 지나지 않아 스코티는 미망인이 되었습니다.

아는 사람 한 명 없는 런던에서 그녀는 재봉사로 일했는데 어느 날 눈에 염증이 생기고 점점 악화되어 거의 실명에 이르게 되자 방세를 지불할 수 없게 되었습니다. 결국 그녀는 살던 집에서 쫓겨나고 소지품은 압류당해 팔려 나갔습니다.

가진 돈이 거의 없었던 스코티는 공동 숙소에서 며칠을 지내며 일거리를 알아보고 있었는데 어느 날 같이 자던 사람이 스코티의 모든 소지품 심지어는 속옷까지 훔쳐서 달아나는 바람에 지금 그녀에게 남은 것은 당시 선반에 올려두었던 낡은 방수 코트뿐이었습니다.

런던의 거리에서 거친 노숙인들을 피해 그녀가 머물 수 있는 곳은 이 구빈원 계단뿐이었고 이곳은 얼마 전부터 유일한 집이 되었습니다. 굶주림과 추위로부터 오는 극심한 고통은 사람의 정신과 육체를 완전히 갉아먹어 스스로 일어서는 것조차 불가능하게 만듭니다. 그녀도 종종 탈진으로 쓰러지곤 했습니다.

그러나 스코티에게도 희망과 꿈이 있습니다. 멀쩡한 옷을 구할 수만 있다면 이전에 했던 바느질 관련 일을 다시 하겠다고 했습니다. 그곳에서 그녀는 일주일에 7실링을 벌 수 있었습니다. 한 선교회에서 만난 노파는 그녀에게 자신이 사용하는 지하 방을 주당 18펜스를 내고 함께 쓰자고 제안했습니다. 그러나 스코티는 이 제안을 거절할 수밖에 없었습니다. 18펜스를 낼 방법이 없었기 때문입니다.

크롤러들은 당시 런던의 최빈곤층을 상징하는 존재였습니다. 이들의 삶은 극단적인 빈곤과 고통을 반영하는 동시에 당시 사회의 무관심과 불평등을 드러냅니다.

스코티와 같은 사람들이 단순히 실수, 나태함 때문에 그 처지에 놓인 것이 아니라는 점은 특히 중요합니다. 사회적 안전망의 부재가 사람들을 얼마나 쉽게 절망의 구렁텅이로 몰아넣을 수 있는지를 보여주기 때문입니다.

그리고 이 이야기는 19세기뿐 아니라 오늘날에도 여전히 사회에서 소외되고 있는 사람들에 대해 생각해 보게 합니다. 당시의 런던처럼 현대 사회에서도 무관심은 가장 큰 적일 수 있습니다. 스코티와 같은 사람들이 다시 일어설 수 있도록 필요한 것은 단지 작은 도움 그리고 인간으로서의 존엄일 것입니다.

병과
죽음에서
살아남기

"의학이 독보다 무서웠던 시대,
사신死神과 싸우며 버틴 인류의 맷집"

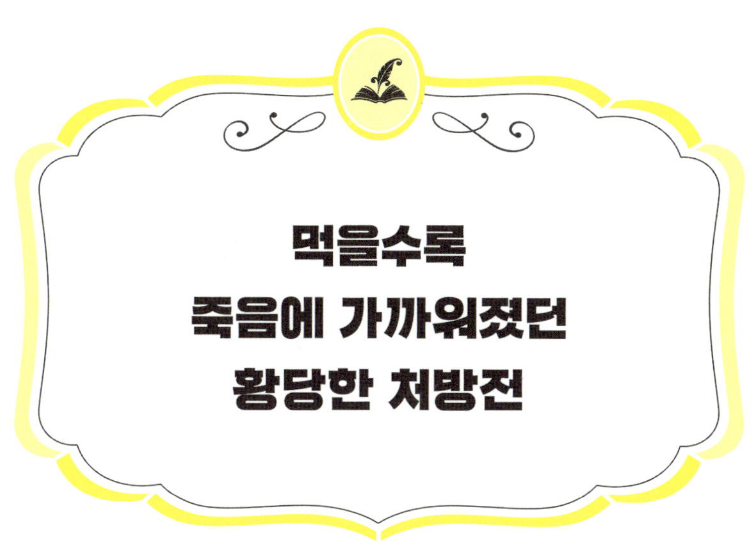

지금 기준으로는 황당하게 들리는 엉터리 의학 상식들이 백 년 전만 해도 당연한 진실처럼 받아들여지곤 했습니다. 심지어 의사들조차도 예외는 아니었습니다.

다음의 신문에 등장하는 인물은 존 브링클리 박사로, 염소의 고환을 남성에게 이식하면 활력을 되찾을 수 있다고 주장하며 수천 건의 시술을 시행하고 막대한 부를 쌓았습니다.

하지만 내부 조직이 연결되지 않은 채 단순히 시술 후 봉합만 했기 때문에 효과는 전혀 없었고 수술 비용은 터무니없이 비쌌습니다. 그나마 부작용 없이 체내에 흡수되면 다행이었지만 대부분의 경우에는 감염이나 염증 등 여러 가지 의학적 문제로 이

염소 고환 이식 수술을 홍보하던 의사 존 브링클리 관련 기사

어졌습니다.

빅토리아 시대 전후에는 지금은 사용이 금지된 일부 성분들이 만병통치약처럼 여겨지며 널리 사용되었습니다. 그 대표적인 예가 바로 코카 잎에서 유래한 코카인 성분이었죠.

치통, 감기, 피로, 우울증은 물론이고 아이들이 잠을 자지 않을 때조차 이 성분이 들어간 시럽이 쓰였다는 기록도 있습니다. 심지어 유명한 심리학자 지크문트 프로이트 역시 당시엔 이 성분을 우울증 치료제로 권장하기도 했습니다. 중독성이나 부작용에 대한 개념이 거의 없었기 때문에 정신을 맑게 해주고 활력을 준다는 이유로 약국에서 손쉽게 구할 수 있었습니다.

실제로 이 성분은 초창기 코카콜라에도 포함되었으며, 사람들은 이를 두통약처럼 마시기도 했습니다. 코에 뿌리는 스프레이부터 어린아이용 감기약까지 당시 약국 진열대에는 지금으로서는 상상할 수 없는 제품들이 버젓이 놓여 팔리고 있었습니다.

손쉽게 구할 수 있었던 마약 성분의 약들

하지만 더 강력한 약물도 존재했습니다. 예를 들어 전장에서 사용되던 진통제인 아편 유래 성분과 이를 알코올에 혼합해 만든 '로더넘'은 일반 약국에서 누구나 손쉽게 구입할 수 있었습니다.

특히 로더넘은 불면증, 우울감, 신경쇠약, 창작의 고통까지 덜어주는 약으로 여겨졌고, 시인과 예술가들 사이에서는 일종의 영감의 촉진제로 쓰이기도 했습니다. 찰스 디킨스, 아서 코난 도일, 바이런의 작품 속에서도 자주 등장할 만큼 이 약물은 당대 사람들의 삶 깊숙이 자리 잡고 있었습니다.

그 가운데 부모들 사이에서 특히 인기가 많았던 약품 중 하나는 바로 윈슬로 부인의 진정 시럽이었습니다. 아이가 이가 나서 아파하거나 밤잠을 설치면 몇 방울만 먹여도 바로 차분해졌고 사람들은 기적 같다고 말했습니다.

하지만 그 기적의 정체는 오늘날에는 엄격히 규제되는 진정

작용 성분이었습니다. 이 시럽에는 모르핀류의 성분이 포함되어 있었지만, 복용 기준이나 안전성에 대한 안내는 거의 없었습니다. 아이가 조용해진 것은 고통이 사라져서가 아니라 해당 성분이 신경계에 강하게 작용했기 때문이었습니다.

이 시럽은 19세기 말에서 20세기 초까지 다수의 유아 건강 피해 사례와 연결되었지만 한동안 판매는 계속되었습니다. 약이라는 말 하나에 모든 의심을 내려놓았던 시대였던 셈입니다.

현재는 엄격히 규제되는 성분들이 당시에는 식물에서 추출했다는 이유로 오히려 건강에 좋다는 인식도 널리 퍼져 있었습니다. 그래서 이러한 성분이 함유된 젤리, 진통제, 심지어는 여성 위생용품까지 시중에 유통되었습니다.

결국 빅토리아 시대 말기에는 이러한 성분으로 인한 의존성 문제와 과다 복용 사례가 사회적 문제로 떠올랐고, 병원에는 관련 증상을 호소하는 여성과 아동이 눈에 띄게 증가했습니다. 하지만 이 문제를 제도적으로 규제하기까지는 그로부터도 꽤 오랜 시간이 더 필요했습니다.

생명력의 원천이라 믿었던 방사능

19세기 말, 인류는 그동안 알지 못했던 새로운 물질을 발견하게 됩니다. 1896년 프랑스의 물리학자 앙리 베크렐은 우라늄 광석에서 자연스럽게 에너지가 방출된다는 사실을 처음 밝혔고, 곧이어 마리와 피에르 퀴리 부부는 방사성 원소인 라듐과 폴로늄을 분리해 냅니다.

아직 방사능이 인체에 어떤 영향을 미치는지 알려지지 않았던 당시 사람들은 이 빛나는 물질을 생명력의 원천처럼 여겼습니다. 스스로 에너지를 내뿜는 돌이라면 몸속에 넣으면 기운이 솟지 않겠느냐는 단순한 논리였던 것이죠.

이 낙관은 곧 전방위적인 상품 열풍으로 이어졌습니다. 라듐 크림, 라듐 비누, 라듐 초콜릿까지 출시되었고 토륨이 들어간 치약도 시중에 등장합니다. 가장 유명한 사례는 젊음의 샘처럼 포장된 건강 음료 '라디토르'였는데 방사성 원소가 포함된 이 음료는 부유층 사이에서 선풍적인 인기를 끌었습니다.

일부 사람들은 방사성 알약을 복용하거나 우라늄으로 만든 유리잔에 물을 담아 마시며 활력을 얻으려 했습니다. 하지만 시간이 흐르면서 예상치 못한 심각한 부작용이 나타나기 시작했습니다.

미국의 시계 공장에서 일하던 여성 노동자들 일명 '라듐 걸스'는 라듐 페인트로 숫자를 칠하는 작업 중 붓끝을 입으로 다듬는 과정에서 소량씩 라듐을 섭취하게 되었고, 이후 턱뼈와 신체에 이상이 발생하거나 통증과 염증을 호소하는 사례들이 다수

보고되었습니다.

또 다른 사례로 부유한 골퍼였던 에번 바이어스는 라디토르를 하루에 세 병씩 수년간 마신 끝에 골격 이상을 겪었고, 결국 심각한 건강 악화로 이어졌습니다.

그 시대 사람들에게는 빛나는 물질이 곧 생명의 상징처럼 보였지만 그 믿음은 사람들의 뼈를 무너뜨리고 건강을 위협하는 결과로 되돌아왔습니다.

약과 물감으로 소비된 이집트의 미라

유럽에서는 한때 이집트 미라가 건강에 좋다는 이유로 약처럼 복용한 시절이 있었습니다. 지금 새로운 이집트 미라가 잘 발견되지 않는 이유로 과거 수많은 미라가 유럽인들에게 소비되었기 때문이라는 말까지 있을 정도였죠.

이 괴상한 유행은 빅토리아 시대보다도 훨씬 앞선 중세 유럽부터 시작되었습니다. '무미아Mumia'라고 불리는 이 미라 가루는 두통, 출혈, 감기, 심지어 생리통과 상처 치료에도 효과가 있다고 여겨졌고 17세기 의사 로버트 제임스는 이를 거의 만병통치약처럼 소개하기도 했습니다. 물론 과학적인 근거가 전혀 없는 이야기였습니다.

라듐이 섞인 야광 페인트로 시계 다이얼을 칠하던 여성 노동자들

18세기 유럽에서 약으로 사용된 '무미아'

그렇다면 왜 이런 믿음이 퍼졌을까요? 많은 학자는 이 유행이 고대 중동에서 사용되던 '비튜멘'이라는 물질과의 혼동에서 비롯되었다고 봅니다. 비튜멘은 살균 효과가 있어 상처 치료에 쓰였는데 아랍어로는 무미아, 즉 밀랍이라는 뜻으로 불렸습니다.

그런데 유럽인들이 검게 코팅된 이집트 미라를 처음 보았을 때 그것이 바로 약용으로 쓰이던 무미아라고 오해한 것이죠. 사실 그 검은 코팅은 미라 위에 바른 송진이 세월이 흐르며 색이 변한 것이었습니다.

18세기부터 19세기까지 일부 부유층과 귀족들이 미라 가루를 복용하던 시기, 또 다른 형태로 미라가 소비되기도 했습니다.

바로 미라 안료, 즉 머미 브라운이라는 색이 유럽 미술계에서 유행했던 것이죠.

이 독특한 갈색은 미라의 유기물과 붕대에서 만들어진 것으로 그림자의 깊이나 피부 톤을 표현하는 데 특히 인기가 많았습니다. 외젠 들라크루아, 에드워드 번존스 같은 유명 화가들도 이 색을 사용한 것으로 잘 알려져 있습니다. 특히 번존스는 자신이 사용한 물감에 실제 미라 성분이 포함되어 있었다는 사실을 알고 깊은 충격을 받았고, 남은 물감을 모두 땅에 묻었다는 일화도 전해집니다.

도굴과 약탈을 낭만으로 포장한 시대

물론 모든 미라가 약으로 소비되거나 물감으로 사용된 것은 아닙니다. 하지만 빅토리아 시대 유럽에서는 이집트 문명에 대한 유행이 과열되면서 실제로 수천 구의 미라가 유럽으로 반입되었습니다. 그리고 그중 일부는 상류층의 '미라 해체 파티Mummy unwrapping party'라는 사교 행사에 사용되었죠. 손님들 앞에 미라를 올려놓고 하나씩 붕대를 풀며 공개하는 이 행사는 당시에는 신비롭고도 지적인 오락으로 여겨졌습니다.

이러한 문화를 주도한 인물 중 한 명이 외과 의사였던 토마스

패티그루였습니다. 그는 수많은 미라를 공개하며 이름을 알렸고 1834년에는《이집트 미라의 역사》라는 책도 집필합니다.

이처럼 미라가 약으로, 미술 재료로 심지어 사교 파티의 오락거리로까지 소비되면서 미라의 수요를 맞추기 위해 도굴은 하나의 산업처럼 번성해 갔습니다. 이집트 전역에서는 무덤이 파헤쳐지고 미라가 노상에서 거래되며 아무렇지도 않게 배에 실려 유럽으로 향했습니다.

영국과 유럽에서 몰려들던 여행자들은 직접 무덤을 파헤지며 보물 사냥을 즐겼고, 현지인들도 생계를 위해 이런 약탈에 가담할 수밖에 없었습니다.

당시 유럽 언론은 이런 행태를 낭만적인 모험담처럼 포장했습니다. 수많은 고대 유물이 제대로 된 기록도 없이 유럽의 박물관이나 개인 컬렉션으로 흘러 들어갔고 지금까지도 많은 유물이 출처조차 알 수 없는 상태로 세계 곳곳에 남아 있습니다.

광고가 만들어낸 가짜의 유행

빅토리아 시대는 과학이 눈부시게 발전한 시대였지만 동시에 과학처럼 보이기만 하면 뭐든지 통했던 시대이기도 했습니다. 당시 사람들은 진짜 의사보다 광고 속 인물을 더 신뢰했고,

신문과 잡지는 말 그대로 기적의 약 광고 천지였습니다.

그 대표적인 예가 바로 닥터 킬머의 '스웜프 루트'였습니다. 1878년 미국 뉴욕에서 시작된 이 약은 간, 신장, 방광, 심지어 여성 질환까지 치료해 준다는 만병통치약이었죠. 포장에는 킬머 박사가 등장했지만 그는 의사가 아닌 사업가였습니다.

더 황당한 것은 이 약의 실제 성분이 대부분 알코올과 당밀, 그리고 약간의 식물 추출물에 불과했다는 점입니다. 그럼에도 기적적으로 소변이 잘 나오고 생리통이 완화되었다는 체험담이 끊임없이 소개되며 전 세계로 퍼져 나갔습니다.

이와 비슷하게 유명했던 제품이 클라크 스탠리의 뱀 기름이었습니다. 1893년 시카고 박람회에서 대대적으로 소개된 이 약은 원래 중국 이민자들이 실제로 사용하던 뱀 기름 연고를 흉내 내어 만든 것으로 관절염, 신경통, 근육통, 치질에 효과가 있다고 홍보되었습니다.

원래 중국인이 사용하던 뱀 기름 연고는 중국 물뱀 중 하나인 수사의 지방을 추출해 만든 약으로 관절염과 근육통, 각종 염증에 효과가 좋았습니다. 그러나 스탠리의 약에는 진짜 뱀 기름 성분이 전혀 없었고 단순한 미네랄 오일과 고추 추출물들이 포함되어 있었습니다.

클라크 스탠리는 자신을 뱀을 길들이는 카우보이라고 소개하며 현장에서 쇼를 벌였고, 실제로 구경꾼 앞에서 살아 있는 뱀을 잡아 기름을 짜내는 퍼포먼스를 보여주기도 했습니다. 결국 1917년 미국식품의약국이 판매 금지 조치를 내리면서 뱀 기름은 오늘날까지도 가짜 약의 대명사가 되었습니다.

이처럼 빅토리아 시대는 지식의 부족과 과학에 대한 막연한 신뢰, 그리고 광고 기술의 발달이 결합된 위험한 시대였습니다. 가운을 입고 포스터에 등장하는, 이른바 박사라는 사람들 중에는 의학 교육은커녕 학교조차 가 본 적이 없는 경우도 많았고 사람들은 ㄱ 말을 의심하지 않고 그대로 믿었습니다.

하지만 이런 혼돈 속에서도 변화는 조금씩 시작되었습니다. 영국에서는 1868년 (오늘날 약사법에 해당하는) 조제 및 독약 판매 규제법이 제정되면서 의약품의 판매와 규제 자격, 약품 관리에 대한 기본적인 기준이 마련되기 시작했습니다.

그리고 20세기에 들어서면서 의학과 과학은 점차 상업적 이익과 과장 광고의 손아귀에서 벗어납니다. 미국 역시 1906년 순수 식품 및 약품법을 통해 처음으로 약품의 성분을 정확히 표기할 법적 의무를 도입했습니다. 이 법은 허위 광고와 가짜 의사에 대한 제재의 시작이 되었고 훗날 미국식품의약국 설립으로 이어지며 오늘날 우리가 알고 있는 제약 규제 체계의 초석이 되었습니다.

하지만 시대가 바뀌었어도 문제는 여전히 남아 있습니다. 오늘날에도 기적의 치료법을 내세우는 허위 건강 정보와 유사 과학은 사라지지 않았고, 오히려 더 정교한 포장과 과학적 언어를 빌려 우리 곁에 스며들고 있죠.

그 시절 사람들이 반짝이는 병에 담긴 약 한 스푼을 믿고 자신의 몸을 실험대 위에 올렸던 선택은 어쩌면 지금을 사는 우리에게 남겨진 가장 강력한 경고일지도 모릅니다.

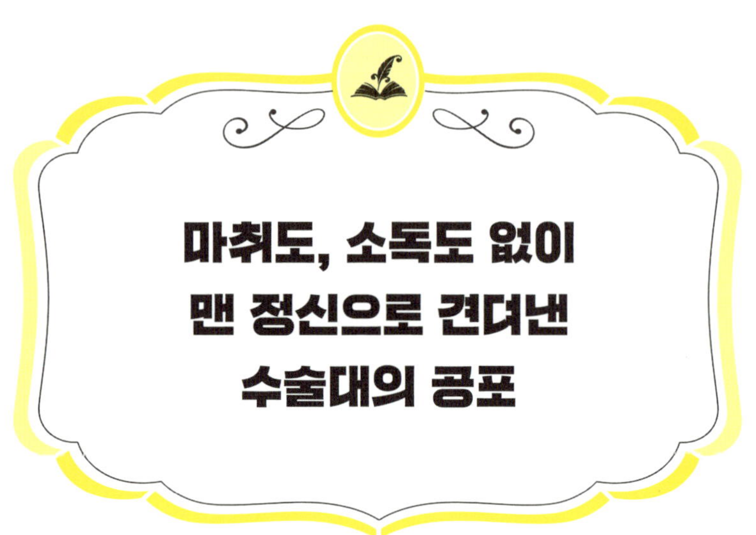

이곳은 1837년 런던 템스강 남쪽 서더크의 중심에 위치한 세인트 토마스 교회입니다. 이 교회의 위층에는 원형 경기장처럼 생긴 특별한 장소가 있습니다. 바로 공개 수술실이었습니다.

이곳은 오늘날의 수술실과는 완전히 다른 모습으로, 해부학과 외과 수술을 배우고자 하는 학생들과 의학 관계자, 그리고 구경을 위해 모여든 호기심 어린 일반인들로 늘 붐볐습니다.

참석자 중에는 수술 기법을 배우러 온 다른 의사들도 있었고, 관람객들은 의사의 절단이 잘 끝나면 갈채를 보내기도 했습니다. 외과 의사에게 이러한 공개 수술실은 일종의 무대였고, 여기서 명성을 얻으면 더 많은 환자와 더 높은 지위를 얻을 수도 있

오래된 수술실 중 하나인 세인트 토마스 교회의 옛 수술실 내부

었습니다.

하지만 심장이 약하다면 관람을 자제하는 게 좋습니다. 좁은 공간에 환자의 비명과 절단 수술에서 발생하는 소리가 메아리 쳐 울렸고, 피는 관람석까지 튀기도 했기 때문입니다. 어떤 학생은 수술을 지켜보다가 정신을 잃고 쓰러져 관람석 아래로 굴러 떨어졌다고 합니다. 교회 다락방에 있는 작은 수술실에 불과했지만, 당대 최고의 외과 의사들이 이곳을 거쳐 갔습니다.

이곳에서 벌어진 빅토리아 시대의 기이한, 그리고 지금은 상상도 하기 어려운 그 시대의 수술에 관한 이야기를 시작하겠습니다.

관중들이 지켜보던 수술실의 풍경

19세기 초반의 런던은 산업혁명과 급격한 도시화로 인해 사고가 끊이지 않았습니다. 공장마다 안전 규정이라는 개념은 존재하지 않았고, 노동자들은 기계 옆에서 하루 12시간 일하는 게 흔했습니다. 톱날에서 튀어나온 조각에 다리를 베이거나, 증기 펌프에 팔이 끼이고, 마차에 치이는 사고가 매일같이 일어났습니다.

뼈가 산산이 부서지거나 다리가 괴사하기 시작하면 의사들은 대부분 절단을 선택했습니다. 당시에는 감염을 막거나 뼈를 정교하게 재건하는 기술이 거의 없었기 때문에, 절단은 환자를 살릴 수 있는 유일한 방법이라고 믿었기 때문입니다.

그러나 절단 수술은 환자에게 상상하기 힘든 고통을 주었습니다. 마취가 없던 시대, 환자는 수술대 위에서 온전한 정신으로 칼이 뼈를 가르는 순간을 그대로 느껴야 했습니다.

환자가 몸부림치면 칼은 빗나가 더 큰 부상을 입을 수 있었기 때문에, 보조자 두세 명이 양팔과 다리를 꽉 잡아 눌렀습니다. 환자가 너무 격렬하게 저항하면 가죽끈으로 몸을 묶기도 했습니다.

술이나 아편을 조금 먹여 통증을 둔화시키려 했지만, 이는 고통을 줄여주는 것이 아니라 단지 기절하기를 바라는 수준에 불과했습니다. 어떤 의사는 절단 직전 환자에게 "숨을 크게 들이마시라"라고 말하며, 그 몇 초의 정신적 준비만을 허락했습니다.

수술 도구도 문제였습니다. 오늘날과 달리 멸균이나 소독에 대한 개념이 없었고, 의사들은 피가 묻은 앞치마를 세탁하지 않고 계속 입었습니다. 칼과 톱은 환자를 바꿀 때마다 물에 대충 헹구는 것이 전부였고, 수술대 주변에는 떨어지는 피를 흡수하기 위한 톱밥을 뿌리는 것이 일반적인 준비였습니다.

빅토리아 시대 유명한 의사 한 명은 환자들의 피와 고름이 굳어 뻣뻣해진 자신의 앞치마가 오랫동안 많은 수술을 해온 증거라며 자랑스럽게 말하기도 했습니다.

당시 사람들은 수술 후 감염으로 인한 질환이 나쁜 공기나 환자의 체질 때문이라고 믿었고, 이러한 비위생적 환경이 문제가 될 것이라는 생각조차 하지 않았습니다.

하지만 진짜 고난은 수술이 끝난 뒤부터 시작되었습니다. 많은 환자가 절단 수술은 버텼지만, 며칠이 지나지 않아 살이 썩어 들어가는 괴사나 패혈증으로 사망했습니다.

마취 없이 뼈를 깎던 시대

이렇듯 마취도 소독도 없던 시대, 외과의의 가장 중요한 능력은 지식이나 기술보다도 속도였습니다. '환자가 극심한 고통으로 인한 쇼크로 죽기 전에 절단을 끝낼 수 있는가?', '과다 출혈을 막고 봉합을 신속히 끝낼 수 있는가?' 이것이 생사를 결정했습니다.

그리고 바로 이 시대, 엄청나게 빠른 절단 수술로 당대 최고라는 명성을 얻은 인물이 있었습니다. 19세기 런던의 로버트 리스턴은 서쪽 일대에서 가장 빠른 칼이라 불렸는데, 이는 단순한 과장이 아니라 실세 기록과 목격담에서 비롯된 평가였습니다.

스코틀랜드에서 이미 최고의 외과 의사로 이름을 날린 그는 런던으로 건너와 유니버시티 칼리지 병원에서 수많은 학생과 관중 앞에서 자신의 기술을 증명해 보였습니다.

기록에 따르면 그는 다리 절단 수술 시 단 28초 만에 살과 뼈를 잘라냈고, 봉합까지 포함한 전체 과정을 2분 남짓 만에 끝내버리곤 했습니다. 당시 의대생들은 그의 손이 마치 보이지 않는 총알처럼 움직인다고 묘사했고, 어떤 관객은 리스턴의 칼이 번쩍이는 잔상을 보기만 해도 등골이 오싹했다고 회상했습니다.

리스턴은 수술을 시작할 때 항상 버릇처럼 "시간을 재시오, 신사 여러분"이라는 말과 함께 시작했고, 번개처럼 빠른 절단이 이어졌습니다. 그는 학생들에게 늘 속도를 강조했고, 자신 또한 1초라도 시간을 단축하기 위해 필사적이었습니다.

그러나 지나친 서두름은 때로 예상치 못한 비극을 불러오기도 했습니다. 어느 날 리스턴은 여느 때처럼 다리 절단 수술을 하고 있었습니다. 수술은 2분 30초 만에 끝났지만, 결과는 참혹했습니다. 환자는 감염으로 사망했고, 너무 빠른 절단 과정에서 리스턴을 보조하던 조수의 손가락까지 함께 잘라버린 탓에 조수 역시 패혈증으로 사망한 것입니다.

비극은 여기서 끝나지 않았습니다. 리스턴이 휘두른 칼이 구경하던 관객 중 한 명의 코트 자락을 베고 지나갔는데, 자신이 칼에 찔렸다고 착각한 그 관객은 공포에 질려 그 자리에서 심장마비로 사망했습니다.

한 번의 수술로 환자, 조수, 관객까지 세 명이 사망한 이 사건은 의학 역사상 유일한 사망률 300%의 수술로 전해집니다. 비록 이 이야기가 진실인지는 확인되지 않았지만, 당시의 수술 환경이 얼마나 위험하고 광기 어린 속도전이었는지를 상징적으로 보여줍니다.

그러나 리스턴은 단순히 속도만으로 유명해진 인물이 아닙니다. 그는 환자의 생존을 무엇보다 중요하게 여긴 의사였습니다. 당시 많은 외과 의사가 난관에 부딪히면 절단을 미루거나 포기하는 경우가 많았지만, 리스턴은 누구보다 적극적으로 환자를 살리고자 했습니다.

그는 다친 노동자, 가난한 환자, 다른 의사가 거부한 위험한 사례들까지 의뢰받으면 기꺼이 받아들였고, 이는 그의 명성을 더 크게 만들었습니다. 비록 그의 수술 방식은 오늘날의 기준으로 보면 극단적으로 보이지만, 그는 시대의 기술과 한계 속에서 최선을 다한 의사였습니다.

고통의 사슬을 끊은 의학 혁명

1840년대 중반, 외과 의학은 거대한 전환점을 맞이하고 있있습니다. 외과 수술은 고대부터 존재했지만, 수천 년간 환자에게 극심한 고통을 강요하는 필요악이었습니다. 그러나 1846년, 이 끔찍한 현실을 뒤바꿀 혁신이 미국에서 등장합니다. 바로 에테르를 이용한 마취의 발견이었습니다.

1846년 미국 보스턴 매사추세츠 종합병원에서 윌리엄 모턴은 공개 수술 시연 중 처음으로 에테르 가스를 사용해 환자를 깊은 잠에 빠뜨리는 데 성공했습니다. 환자가 비명 한 번 지르지 않고 혹을 제거해 낸 이 사건은 당시 의학계를 놀라게 했고, 소식은 며칠 만에 대서양을 건너 유럽 전역으로 퍼져나갔습니다.

영국의 로버트 리스턴 역시 이 소식을 접하자마자 깊은 관심을 보였고, 곧바로 런던에서 최초로 에테르 마취제를 사용하여 다리 절단 수술을 감행했습니다. 수술을 마친 뒤 그는 주변 학생들에게 "이 미국산 발명품은 최면을 완전히 능가한다"라고 말하

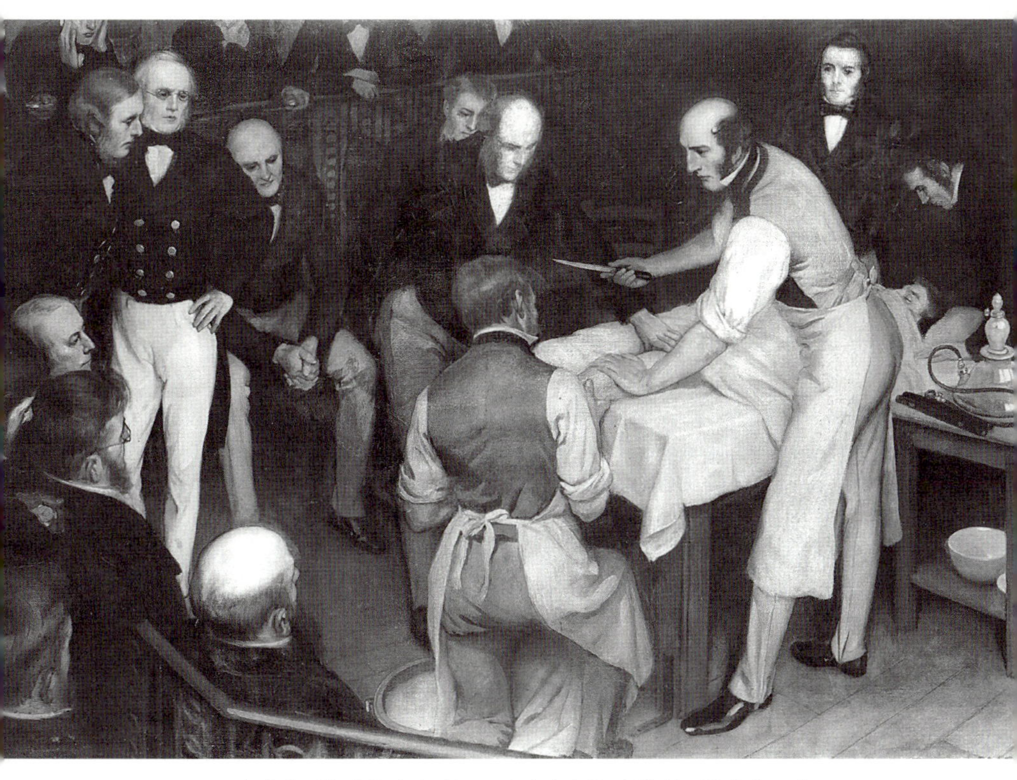

1846년 에테르를 사용하여 최초로 외과 수술을 시행하는 윌리엄 모턴

며 놀라움을 감추지 못했습니다.

하지만 에테르는 완벽한 해결책은 아니었습니다. 가스 냄새가 너무 독해 환자가 기침 발작을 일으키거나 구토를 하기도 했고, 무엇보다 인화성이 강해 수술실의 촛불이나 램프에 닿으면 폭발할 위험이 있었습니다.

이런 상황에서 스코틀랜드의 산부인과 의사 제임스 영 심슨은 새로운 물질을 찾아냅니다. 바로 클로로포름이었습니다. 심슨은 더 부드럽고 효과가 빠른 마취제를 찾기 위해 자신과 동료들을 대상으로 직접 생체 실험을 했습니다.

그러던 어느 날 저녁, 클로로포름 증기를 들이마신 심슨과 동료들이 모두 기절해 쓰러지는 사건이 발생합니다. 깨어난 심슨은 이 물질이 에테르보다 훨씬 적은 양으로도 강력한 마취 효과를 낸다는 것을 깨달았고, 즉시 이를 수술과 분만에 적용하기 시작했습니다.

그러나 클로로포름의 등장은 뜻밖에도 거센 도덕적, 종교적 논쟁을 불러일으켰습니다. 당시 많은 성직자와 보수적인 의사들은 이렇게 주장했습니다.

"고통은 신이 인간에게 내린 시련이며, 특히 산통을 없애는 것은 신의 섭리를 거스르는 죄악이다."

성경에서 하와에게 내려진 해산의 고통은 여성이 감내해야 할 의무라고 믿었기 때문입니다. 실제로 무통분만을 시행한 의사들이 교회에서 비난받는 일까지 벌어졌습니다.

하지만 이 지루한 논쟁을 단번에 잠재운 사건이 일어납니다. 1853년 빅토리아 여왕이 레오폴드 왕자를 출산할 때 클로로포름을 사용한 것입니다. 여왕은 당시의 경험을 일기장에 "축복받은 클로로포름. 그 효과는 진정시키고 평온하며 더할 나위 없이 훌륭했다"라고 기록했습니다.

최고의 권위자인 여왕의 선택은 곧 사회적 기준이 되었습니다. 이후 '반종교적'이라던 비난은 쑥 들어갔고, 클로로포름은 외과뿐 아니라 산부인과에서도 빠르게 퍼져나갔습니다.

오늘날 수술의 기초를 세우다

그럼에도 클로로포름은 여전히 위험을 안고 있었습니다. 과다 흡입하면 심장이 정지할 수 있었고, 실제로 마취 중 사망 사례가 보고되기도 했습니다.

하지만 당시 사람들에게 고통 없이 수술을 받을 수 있다는 사실 자체가 혁명과도 같았습니다. 수술대 위에서 의식을 유지한 채 공포를 견디던 시대는 끝나고, 외과 의사들은 이제 환자가 고통으로 몸부림치는 걸 막기 위해 속도에 의존할 필요가 없게 되었습니다.

19세기 중반까지 의사들은 환자들의 상처가 썩어 들어가는 현상을 당연하게 받아들였습니다. 심지어 상처에서 흐르는 진득한 고름을 '바람직한 고름'이라고 부르며, 이것을 치유의 과정이라고 여겼습니다.

하지만 많은 경우 절단 부위는 검게 변하고 고열이 치솟았으며, 환자들은 사흘이나 닷새 안에 '병원 열'이라 불리는 패혈증으로 목숨을 잃었습니다. 심지어 당시 병원에서 치료로 살아난 사람보다 그곳에서 감염되어 죽는 사람이 더 많았다고까지 여겨졌습니다.

조지프 리스터는 런던에서 활동하던 외과 의사였습니다. 당시 외과 의사들이 절단과 봉합에 집중하던 시절에, 리스터는 조직의 구조를 유심히 관찰하며 상처의 부패가 어쩔 수 없는 자연 현상이 아니라 제어할 수 있는 과학적 과정이 있지 않을까 하는 의문을 품었습니다.

그리고 어느 날, 그 의문을 해소할 실마리가 유럽 대륙에서 건너왔습니다. 프랑스의 화학자 루이 파스퇴르는 발효와 부패가 눈에 보이지 않는 생명체, 즉 세균에 의해 일어난다는 이론을 제시했습니다. 이 발견은 주로 와인, 맥주, 빵과 같은 식품 산업에 큰 영향을 주었지만, 리스터는 이 이론을 듣고 즉시 외과 수술과 연결했습니다.

'부패한 와인과 썩어가는 상처에는 공통점이 있지 않을까?'

조지프 리스터가 파스퇴르의 이론을 실험했던 글래스고 왕립 병원

만약 파스퇴르의 말대로 공기 중에 미생물이 있어 이것이 상처를 부패시킨다면, 이것을 막을 방법도 있을 것이라 믿었던 것입니다. 그는 당시 스코틀랜드 글래스고 왕립 병원에서 근무하며 이 가설을 실험하기 시작했습니다.

새로운 치료법을 찾던 그는 카볼릭산을 떠올렸습니다. 카볼릭산은 당시 도시 하수의 악취를 줄이고 부패를 억제하는 데 효과가 있다고 알려진 물질이었습니다. 리스터의 첫 임상 실험은 대성공이었습니다.

1865년, 11세 소년 제임스 그린리스는 마차 사고로 다리가 심하게 파열된 상태로 병원에 왔습니다. 이런 부상은 당시 거의

100% 절단 치료를 선택했고, 절단해도 감염으로 사망하는 경우
가 많았습니다.

그러나 리스터는 자르는 대신 상처를 소독하고 카볼릭산으
로 적신 붕대를 감았습니다. 며칠 후, 상처가 썩지 않고 아물기
시작했고, 소년은 다리를 보존할 수 있었습니다.

이는 당시로는 기적과도 같은 일이었습니다. 리스터는 이후
수년 동안 카볼릭산 분무기, 소독대, 철저한 도구 세척 등 오늘
날 항균 수술의 기초를 확립했습니다.

하지만 그의 혁신은 즉시 받아들여지지 않았습니다. 많은 의
사는 그를 비웃으며 "공기 중에 벌레가 떠다닌다"라고 조롱했
고, "쓸데없는 절차는 빠른 수술을 방해한다"라고 받아들이기를
꺼려했습니다. 더러운 앞치마, 소독되지 않은 도구, 손 씻지 않
는 습관 등으로 오랫동안 익숙해진 방식을 바꾸고 싶어 하지 않
았기 때문입니다.

그러나 결과는 무시할 수 없었습니다. 리스터의 방식을 채택
한 병원에서는 수술 후 감염률이 눈에 띄게 감소했고, 절단 수술
의 생존율은 이전과 비교할 수 없을 정도로 높아졌습니다. 시간
이 지나면서 리스터의 이론은 전 세계로 퍼져 나갔고, 미국과 유
럽의 젊은 외과 의사들은 그가 제시한 원칙을 적극적으로 따르
기 시작했습니다.

지금 우리는 처음 방문했던 그 오래된 극장 형태의 수술실에

서 있습니다. 한때 환자들의 비명과 톱질 소리, 그리고 관중들의 눈으로 가득 찼던 그 좁은 공간은 이제 박물관이 되어 먼지 쌓인 나무 난간과 차가운 수술대가 그때의 흔적을 고스란히 간직한 채 놓여 있습니다.

이 초라한 나무 수술대 위에 올랐던 수많은 사람은 마취 없이 몸이 갈리는 끔찍한 고통을 겪어야 했고, 이 과정을 견뎌낸 뒤에도 삶과 죽음의 경계는 너무나도 얇았습니다.

환자의 고통을 줄이고 생명을 구하기 위해 열정을 바친 리스턴, 심슨, 그리고 리스터. 여기에 소개된 이들 외에도 많은 의사와 과학자의 헌신이 있었기에 우리는 지금 안심하고 병원을 방문할 수 있게 되었습니다. 그리고 무엇보다 저 수술대에서 고통받았던 수많은 사람 덕분에 의학은 다음 걸음을 내디딜 수 있었습니다.

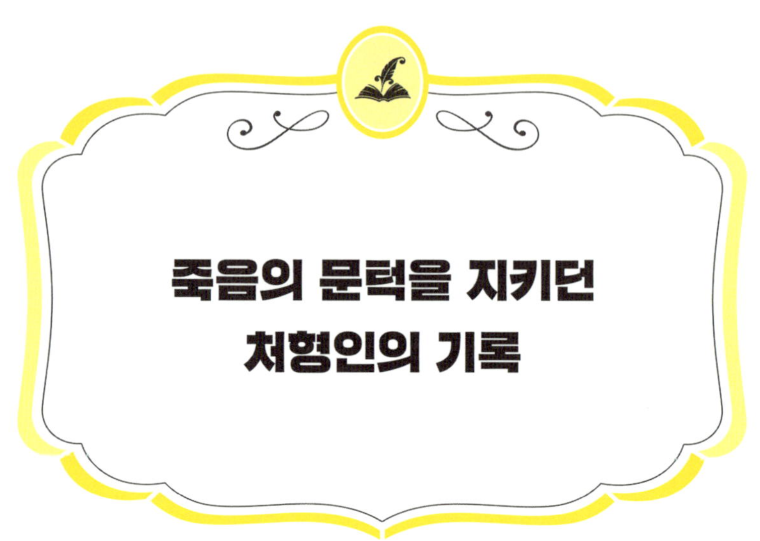

죽음의 문턱을 지키던
처형인의 기록

만약 다음 생에 중세 유럽에서 태어난 사형 집행인이 된다면 어떨까요?

서기 1312년, 신성 로마 제국의 뉘른베르크 마을 광장에는 수백 명의 군중이 모였습니다. 습하고 차가운 공기 속 처형대 위에는 어느 사형수가 두려움에 떨고 있습니다.

원래 있던 처형인 가족이 전염병으로 사라진 뒤 도시에는 상설 집행인이 없는 상태였습니다. 당시에는 이런 경우 임시로 그날의 집행인을 지목하는 경우가 간혹 있었습니다. 집행 감독을 맡은 사법관은 군중을 둘러보다 당신을 불러 세웁니다.

"그대가 오늘의 집행인이다. 칼을 잡아라."

당신이 마을의 도살장에서 일하고 있는 것을 알기 때문에 그가 당신을 지목한 것이었습니다. 구경하는 것과 직접 집행하는 것은 하늘과 땅 차이였습니다. 당장 도망치고 싶었지만 그랬다가는 명령 불복종으로 투옥되거나 심각한 처벌을 받고 동시에 재산과 직업 등 모든 것을 잃을 수도 있었습니다.

병사에게 이끌려 처형대로 올라간 당신의 손에 잘 갈려진 커다란 칼이 주어집니다. 발치에서는 차가운 냉기가 뿜어져 나오고 형틀과 쇠사슬에서는 눅눅하고 비린 냄새가 진동합니다.

광장에 모인 눈들은 모두 당신을 향해 있고 심장은 미친 듯이 고동칩니다. 사형수는 공포에 질린 눈으로 당신을 쳐다봅니다. 이것은 짐승을 잡는 것과는 완전히 다릅니다. 그러나 당신 앞에 다른 선택은 없습니다.

"이것은 돼지입니다. 사람이 아닙니다."

칼날이 높이 쳐들리고 다음 순간 처형대 주변은 처참한 흔적만 남았습니다. 다행히 단 두 번을 내리친 끝에 집행이 끝났습니다. 그러나 이 일로 인해 당신의 삶은 돌이킬 수 없는 길로 접어들게 됩니다.

도살장에서 망나니로 뒤바뀐 운명

당신은 거의 혼이 나간 상태였지만 도살장에서의 경험 때문인지 첫 번째 처형을 간신히 성공적으로 끝낼 수 있었습니다. 도시의 사법 행정 책임자는 당신을 공식적인 사형 집행인으로 임명합니다.

당신은 이제 평범한 시민으로 돌아갈 수 없습니다. 마을 사람들에게 당신은 망나니로 인식되었고, 당신과 가족을 대하는 이웃의 시선은 영원히 달라질 것입니다.

사형 집행인이 되면 먹고사는 문제는 보장되었습니다. 당사

노르웨이 사형 집행인이 사용했던 검과 도끼

자만 견딜 수 있다면 가족은 더 이상 굶지 않아도 될 것입니다. 그래서 바로 그날부터 새 일을 배우기 시작합니다.

먼저 당신이 배워야 할 것은 처형 도구의 관리였습니다. 도살장에서 쓰던 칼보다 집행인의 검과 도끼는 더 크고 더 무겁고 정교했습니다. 날을 예리하게 갈고 무게 중심을 익히며 손목 힘을 길러야 합니다.

한 번에 정확하게 떨어뜨리는 연습은 매우 중요했습니다. 날이 무디거나 제대로 내려치지 못하면 여러 번 되풀이해야 하기 때문에 죄수의 고통은 가중되었으며, 군중의 야유와 비난은 물론 심하면 폭동이 일어날 수도 있었습니다. 잘못하면 죄수의 가족에게 보복을 당할 수도 있었습니다.

사형 절차와 의식도 익혀야 합니다. 처형 전 죄수의 고해, 판결문 낭독, 형 집행의 시점, 성직자의 역할, 군중 앞에서 읽어야 할 공식 문구 등 모든 과정이 정해져 있었습니다. 단순히 형을 집행하는 게 아니라 법과 교회의 명령을 정해진 절차대로 집행해야 했습니다. 또 교수형, 참수형, 화형, 수레바퀴형, 신체 일부 절제형 등 다양한 처형 방식을 배워야 했습니다.

그러나 가장 힘든 것은 정신적인 문제였습니다. 아무리 죄수라지만 다른 사람의 목숨을 빼앗는 일은 도덕적, 심리적으로 감당하기 어려웠습니다. 역사적으로 많은 집행인이 술, 도박, 폭력 등으로 자신을 마비시키며 살아갔습니다. 집행을 마치면 며칠

간 잠을 이루지 못했고 술에 의존해 겨우 눈을 붙이곤 했습니다.

그렇게 잠이 들어도 집행이 막 끝난 현장과 당신을 바라보던 죄수의 얼굴이 꿈속에서 끊임없이 떠올랐습니다. 그럼에도 집행대 위에 서면 당신은 철저히 냉정해야 했습니다. 동정심이 군중에게 전염되면 순식간에 폭동이 일어날 수도 있었기 때문입니다.

그래서 많은 집행인이 죄수의 얼굴이나 군중의 눈을 보지 않고 기계처럼 행동하는 습관을 들였습니다. 당신 역시 사형대에 오를 때마다 마음속으로 중얼거립니다.

"이것은 사람이 아닙니다. 법이 내린 형벌일 뿐입니다."

마음을 독하게 먹지 못하면 손이 떨리고, 떨리는 손으로 내려친 칼이나 도끼는 어디로 떨어질지 몰랐기 때문입니다.

집행인이 배워야 할 것은 매우 많았습니다. 교수형의 경우 밧줄 길이, 매듭 위치, 떨어뜨리는 높이를 면밀히 조절해야 합니다. 당신은 밧줄의 종류를 구분하고 매는 법을 익히며 체중과 목 두께에 따라 길이를 조절하는 방법을 배워야 했습니다.

화형의 경우 나무를 어떻게 쌓고 바람 방향에 따라 어디에 불을 붙일지 정해야 했으며, 불길이 너무 빨리 번지거나 너무 늦게 번지지 않도록 조절하는 법도 익혀야 했습니다.

한편 수레바퀴형은 모든 형벌 중 준비가 가장 복잡했습니다. 죄수를 나무틀에 고정한 뒤 판결문에 정해진 부위와 횟수대로 정확하게 타격해야 했으며, 집행이 끝난 죄수를 바퀴에 묶어 공

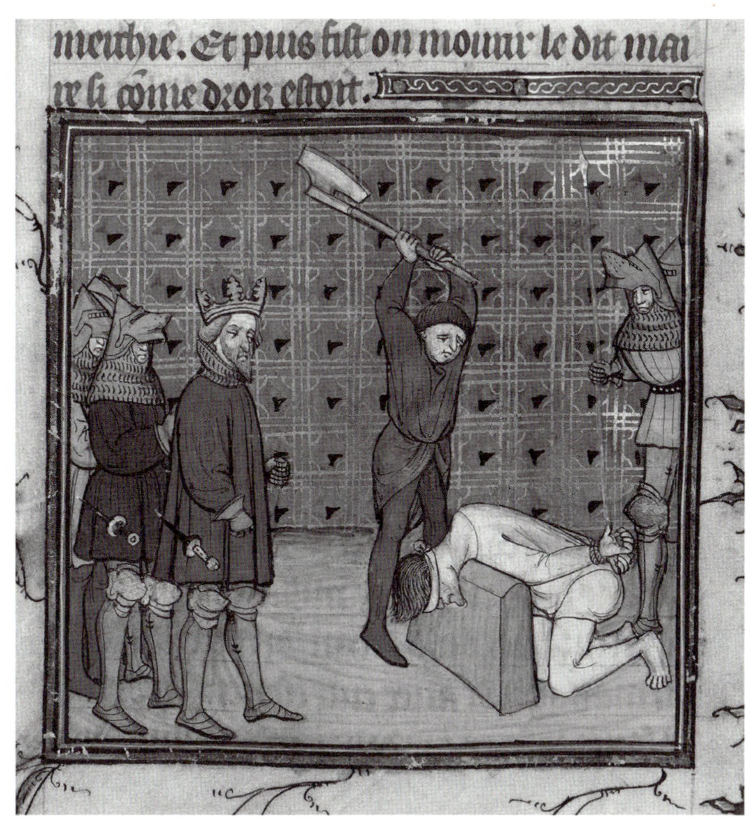

중세 필사본에 묘사된 사형 집행 장면

개 전시하는 일도 당신의 몫이었습니다.

사형 집행인은 고문 기술자 역할도 겸하고 있었습니다. 피고가 혐의를 인정하지 않을 때 허용되던 여러 고문을 위해 당신은 압박 기구 같은 장비를 규정된 강도로 사용하는 법을 익혀야 했습니다. 이 역할 덕분에 더 많은 수수료를 얻었지만 정신적 부담은 배가되었습니다.

막대한 특권 뒤에 숨겨진 그늘

중세 말이 되자 유럽의 많은 도시는 더 이상 즉석 집행인에 의존하지 않고 상설 집행인을 고용하기 시작합니다. 독일 지역에서는 13세기부터 직업으로서의 집행인이 자리 잡았고, 아우크스부르크에서는 1276년 집행인이 문서에 처음 등장합니다. 뉘른베르크도 1378년경에 이미 집행인을 둔 기록이 있습니다.

사형 집행인이 직업으로 자리를 잡으면서 그 보수는 당시로서는 꽤 좋았습니다. 도시에 따라 고정 급료를 받기도 했고 별도의 건당 보수를 받기도 했습니다.

중세 후기 뉘른베르크의 집행인이 건당 50실링을 받았다는 기록이 있는데, 이는 당시 숙련 노동자 일당의 약 세 배 정도에 해당했습니다. 현재 가치로는 한화로 대략 50~60만 원 수준으로 계산됩니다. 화형이나 수레바퀴형처럼 준비가 오래 걸리는 처형은 더 많은 돈을 받았습니다.

진짜 수입원은 부수 특권에 있었습니다. 집행인에게는 죄수의 의복과 소지품 일부를 가져갈 권리가 주어졌습니다. 형이 끝난 뒤 시신 처리나 해부용 판매를 맡아 추가 수익을 얻기도 했습니다.

또 프랑스 파리와 독일 여러 도시에서 집행인은 장터에서 빵, 고기, 맥주, 소금을 정해진 양만큼 무상으로 가져갈 권리를 보장받았습니다. 판매자들이 집행인과 거래하기를 꺼리는 문제를 해결하기 위해 도시가 법적 특권으로 보장해 준 것이었습니다.

집행인들에게는 전용 관사가 제공되었으며 세금이 면제되었고, 가축 도살 및 부산물 처리, 유곽과 떠돌이들에 대한 감독 등 도시의 특수 업무에 대한 독점적인 사업권이 주어지기도 했습니다. 전염병이 돌 때는 시신 수습을 독점하며 상당한 수입을 남길 수 있었습니다.

이런 특권 덕분에 대부분의 집행인 가문은 웬만한 상인이나 수공업자에 비해 훨씬 안정적이고 부유한 생활을 누렸습니다. 그러나 그 대가로 그들은 사회적 지위와 인간관계를 포기해야 했습니다.

사회의 낙인과 대물림되는 고립

넉넉한 수입을 얻었지만 당신은 어느새 다른 의미의 감옥에 갇힌 기분을 느끼게 됩니다. 이제 도시 사람들은 당신을 평범한 이웃으로 보지 않습니다. 장터에서 상인은 눈길을 돌리고 교회에서 신부는 한발 물러섭니다. 중세 후기 유럽에서 집행인은 제도적으로 필요했지만 '불결한 직역'에 속한다고 여겨졌습니다.

집행인은 길드나 시민 단체에 가입할 수 없었습니다. 어떤 도시에서는 성찬이나 세례 등 종교 의식 참석에 제한을 받았으며, 집행인과 그 가족은 일반인과 결혼이 불가능했습니다. 오로지 도축업자, 시신 처리인 등 비슷한 직역의 사람들하고만 혼인이 가능했습니다. 공동 우물을 이용하는 것조차 금지당하거나 빵집 출입을 거부당하기도 했습니다.

집행인의 자식은 다른 직업의 견습생으로 받아들여지지 않았기에 오로지 이 직업만이 생계를 이어갈 유일한 길이었습니다. 프랑스의 샤를 앙리 상송 집안은 어쩔 수 없이 6대째 가업을 이어가야 했습니다. 이런 이유로 집행인 가족은 종종 도시 외곽 하천 근처에 따로 떨어진 주거지를 배정받았습니다.

사람들은 그들과 악수하지 않으려 했고, 집행인 가문이 쓰던 잔과 접시는 따로 분리해 두었습니다. 이제 당신의 이마에는 보이지 않는 낙인이 찍혔으며, 다시는 다른 사람들과 같은 세계에

1649년 잉글랜드 국왕 찰스 1세의 처형을 보기 위해 몰려든 사람들

속할 수 없다는 것을 깨닫습니다.

처형이 열리는 날, 아침 광장은 이미 사람들로 가득 차 있었습니다. 먼 마을에서 온 농민부터 귀족의 하인들까지, 처형은 마치 축제처럼 도시 전체를 들뜨게 만들었습니다.

사람들은 호기심으로 혹은 정의가 실현되는 장면을 확인하기 위해 모여들었습니다. 상인들은 빵과 맥주를 팔며 시장을 열었고, 광대들은 즉석 공연을 벌였습니다. 사람들의 시선이 사형대에 쏠린 틈을 타 소매치기들이 극성을 부리는 날이기도 했습니다.

대부분의 역사에서 공개 처형은 정책 권력을 과시하고 군중에게 엔터테인먼트를 제공하기 위한 공연의 성격이 섞여 있었습니다. 근세로 갈수록 형벌은 잔혹해졌지만 범죄는 줄어들지 않았고, 형을 집행하는 사람들의 심리적 고통만 더해졌습니다. 사회적으로 혐오의 대상이었던 집행자들은 모욕과 배척 속에서 평생을 살아가야 했습니다.

여러분이 만약 중세 사형 집행인이 되었다면 어땠을까요? 과연 이 일을 할 수 있었을까요?

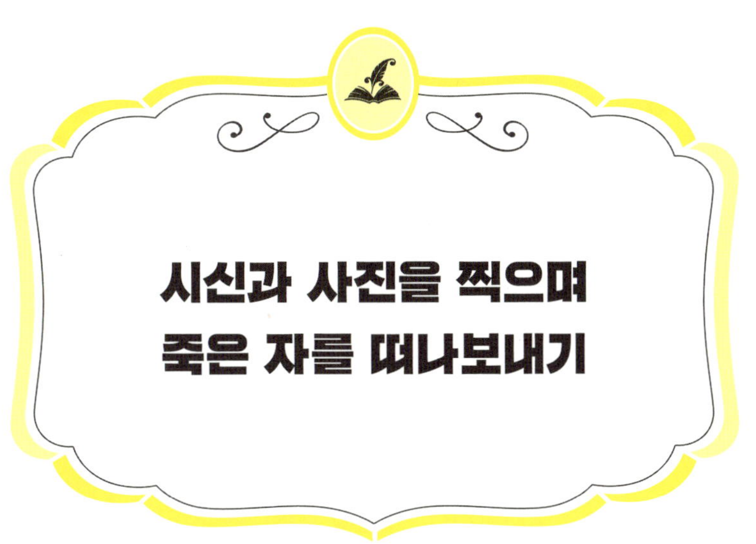

빅토리아 시대에는 많은 사람이 죽은 가족과 함께 사진을 찍었습니다. 당시 사진은 귀하고 비쌌기 때문에, 사랑하는 사람이 세상을 떠나면 그 기억을 간직하기 위해 사진 기사를 불렀고 이것이 유일한 가족사진인 경우가 많았습니다. 특히 이 시대에는 홍역, 디프테리아, 성홍열, 풍진 등 치명적인 질병이 만연하여 아이들의 생존율이 매우 낮았습니다.

가족들은 사랑스러운 아이의 모습을 사진으로라도 남기길 원했습니다. 포즈는 최대한 자연스럽게 연출하려 했지만, 이미 얼굴은 창백했고 눈은 감겨 있었습니다. 그래서 잠자는 모습이 많이 연출되었고, 잠자는 모습을 원치 않는 경우 인화된 사진 위에 눈을 잉크로 그려 넣기도 했습니다. 이는 포토샵이 없던 시절, 사진 기사들에게 필수적인 리터칭 기법이었습니다.

아이들의 경우에는 장난감이나 인형을 함께 놓아 어린아이의 순수함과 잃어버린 미래를 표현했고, 어른의 경우에는 주로 꽃과 십자가 또는 성경, 때로는 직업과 관련된 물품을 포함하기도 했습니다.

살아 있는 가족이 함께 찍는 경우도 많았습니다. 이렇게 사진을 찍으면 죽은 사람의 모습은 선명하게 보이는 반면, 살아 있는 가족들의 모습은 약간이라도 흐릿해 보입니다. 사진이 찍히는 몇 초, 때로는 1분 이상 살아 있는 사람은 조금이라도 움직이기 때문입니다. 정지해 있는 것은 이미 숨이 멎은 사람뿐이었습니다.

그래서 사람들은 사진을 찍을 때 움직이지 않도록 하기 위해 허리와 머리를 밀착시키고, 움직임을 억제하는 틀(포즈 스탠드)을 사용했습니다. 이 틀은 이후 카메라 셔터 속도가 1초 미만이 되기 전까지 인물 사진에 거의 필수품이었습니다.

빅토리아 시대 죽음을 둘러싼 기록들은 실제 역사와 이후에 덧붙여진 괴담이 복잡하게 얽혀 있습니다. 하지만 괴담보다 훨씬 더 기이하고 충격적인 현실이 있었습니다. 애도를 위해 쓰던 베일에서는 극독 물질이 뿜어져 나왔고, 죽은 사람의 머리카락은 장식품이 되었으며, 사람들은 생매장의 공포 속에 무덤 탈출 장치를 만들었습니다.

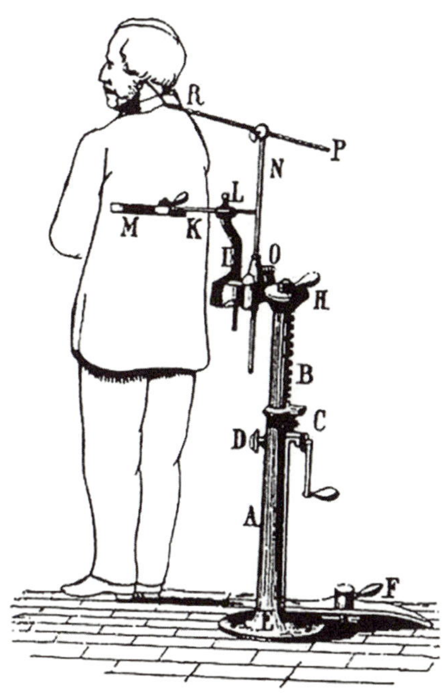

장시간 노출 촬영 동안 움직이지 않도록 도와준 포즈 스탠드

눈물을 흘릴수록 죽음과 가까워지는 패션

19세기 런던에는 세계 최초이자 최대 규모로 장례용품만 취급하던 백화점 '제이스 모닝 웨어하우스'가 있었습니다. 누군가 사망하면 가장 먼저 이곳에 전보를 쳐서 상복을 마련했습니다. 당시 사회적 분위기는 장례만큼은 성대하게 치러야 한다는 것이었고, 제대로 된 상복을 갖춰 입지 않는 것은 고인에 대한 모

독이자 가문의 수치로 여겨졌습니다.

완전 애도 기간에는 광택이 전혀 없는 둔탁한 검은색 옷만 입어야 했는데, 이때 사용된 주 소재가 '크레이프'라는 오돌토돌하게 주름 잡힌 비단이었습니다. 이 크레이프는 터무니없이 비싸면서도 품질은 형편없어 비를 맞으면 다시 입을 수 없었습니다. 하지만 상주들은 옷이 낡을 때마다 새 옷을 사야 했습니다.

장례식 후 수많은 여성이 얼굴에 붉은 흉터가 생기거나 호흡 곤란을 호소하며 병원을 찾았는데, 원인은 바로 그들이 입고 있던 크레이프였습니다. 이 독특한 주글주글한 질감을 만들기 위해 원단은 엄청난 화학 공정을 거쳐야 했고, 검은색을 고정시키기 위해 사용된 핵심 재료는 현대에는 발암 물질이자 강력한 피부 부식제로 분류되는 맹독성 물질인 중크롬산칼륨이었습니다.

검은 상복에 사용된 베일 역시 치명적이었습니다. 슬픔을 표현하기 위해 얼굴을 덮었던 검은 베일이 사실은 천천히 피부를 녹이고 있었습니다. 당시 의사들은 이것을 '과부의 발진'이라고 불렀습니다.

이 독성 물질로 염색된 베일은 비를 맞거나 눈물에 젖으면 독기를 착용자의 피부로 그대로 뱉어냈습니다. 당시 영국의 섬유 회사 코톨즈는 이 크레이프 원단 하나로 막대한 부를 쌓아 올렸습니다. 특히 빅토리아 여왕이 남편 앨버트 공 사망 후 40년간 상복을 벗지 않으면서 크레이프 원단의 인기는 더욱 치솟았습

엄청난 화학 공정을 통해 제조된 크레이프 원단의 모자

니다.

이 원단을 만드는 공장에서 일하는 소녀들은 독성 증기를 마시고 폐가 망가져 갔고, 귀부인들은 비싼 돈을 주고 산 베일 때문에 얼굴이 썩어 들어갔지만 죽음의 패션은 멈추지 않았습니다.

당시 유명 의학 저널 〈더 랜싯〉조차 "이 베일은 착용자를 세상과 격리시키는 것이 아니라 건강과 격리시키고 있다"라고 경고했지만, 의학계에서조차 베일이 인체에 미치는 영향에 대한 명확한 증거를 제시하지 못했고 사회적 체면은 건강보다 중요했습니다.

얼굴이 따갑고 숨 쉬기가 힘들어도 여인들은 베일을 더 깊게

눌러썼습니다. 그것이 고인에 대한 사랑을 증명하는 유일한 길이라고 믿었기 때문입니다.

생매장의 공포가 만든 관

빅토리아 시대 사람들에게 생매장 공포증, 즉 '타포 포비아'는 매우 현실적인 공포였습니다. 당시의 의학 수준은 매우 초보적이었고, 의사들은 종종 깊은 혼수상태나 쇼크 혹은 콜레라로 인한 가사 상태에 빠진 환자를 사망으로 오진하곤 했습니다.

실제로 관 뚜껑 안쪽에서 손톱자국이 발견되거나, 이장을 위해 무덤을 팠더니 시신이 뒤집혀 있었다는 괴담이 신문에 실리던 시대였습니다. 그래서 당시 사람들은 죽음 그 자체보다 죽지 않았는데 묻히는 것을 더 두려워했습니다.

발명가들은 이 두려움을 해결해 주겠다며 기상천외한 아이디어들을 쏟아내며 특허를 얻었습니다. 18세기와 19세기에는 출원된 '안전한 관'에 관한 특허만 30건이 넘습니다.

가장 대표적인 것은 종을 이용한 시스템이었는데, 시신에 끈을 묶고 그 끈을 관 밖으로 연결해 묘지 위에 설치된 종에 매달아, 매장된 사람이 움직이면 종이 울려 사람들에게 알리는 방식이었습니다.

어떤 발명가는 관에 유리 창문을 달아 밖에서 얼굴을 볼 수 있게 했고, 심지어 관 안에 비상식량과 와인, 그리고 신선한 공기를 공급하는 펌프까지 설치한 비싼 모델도 등장했습니다.

반면 가장 저렴한 버전은 관 속에 비상용 호루라기를 넣는 것이었습니다. 돈 있는 귀족들은 자신의 유언장에 "내가 죽으면 반드시 심장을 찌르거나 동맥을 끊은 뒤 묻어 달라"라는 섬뜩한 당부를 남기기도 했지만, 더 많은 사람은 거액을 들여 이 최첨단 안전관을 구매했습니다.

하지만 이 안전관의 종을 울려 실제로 생명을 구했다는 공식적인 기록은 단 한 건도 찾지 못했습니다. 시신이 부패하며 발생하는 가스로 인해 장치가 오작동해 묘지기들이 기겁했다는 사례만 남아 있을 뿐입니다.

영원한 결속을 상징하는 '헤어워크'

인간의 신체 중 죽음 이후에도 오랫동안 그 형태와 색채를 유지하는 것이 바로 머리카락입니다. 빅토리아 시대 때 사랑하는 사람이 숨을 거두면 관 뚜껑을 닫기 전 고인의 머리카락을 한 움큼 잘라내는 것을 잊지 않았습니다. 당시 귀부인들의 목과 손목을 장식했던 화려한 브로치와 팔찌들은 금속이나 실크처럼 정교하게 꼬아진 죽은 사람의 머리카락이었습니다.

'헤어워크', 즉 머리카락 공예는 당시 거대한 유행이자 산업이었고, 보석상들은 금과 은을 다루는 기술만큼이나 머리카락을 세공하는 기술을 중요하게 여겼습니다. 가공 과정은 까다로웠는데, 잘라낸 머리카락을 소다수에 끓여 기름기를 제거하고 길이별로 분류한 뒤 추를 매달아 실처럼 꼬아냅니다. 이것을 금속 틀에 넣어 엮어서 꽃 모양, 십자가 혹은 정교한 매듭 장식으로 새탄생시켰습니다.

여성 잡지에는 뜨개실 도안처럼 머리카락 엮는 법이 실렸고, 거실의 벽면은 죽은 가족들의 머리카락을 엮어 만든 거대한 화환으로 장식되기도 했습니다. 여러 해에 걸쳐 모은 가족들의 머리카락을 하나의 액자 안에 넣어서 보관하는 것은 가문의 결속을 상징했습니다.

현대인의 관점에서는 시신의 일부를 몸에 지니고 다닌다는 것이 기괴하게 느껴지지만, 빅토리아 시대 사람들에게 머리카락은 가장 낭만적인 물질이었습니다. 사진은 빛바래고 옷은 삭아 버리지만, 머리카락만큼은 고인이 살아생전 지녔던 그 질감 그대로 오랫동안 남아 있기 때문입니다.

그들은 차가운 금속 대신 한때 따뜻한 체온이 머물렀던 신체 일부를 지님으로써 죽음이 갈라놓은 거리를 조금이라도 좁히고 싶어 했던 것일지도 모릅니다.

머리카락 공예로 만들어진 장식품

영혼을 포착하는 기적의 사진

1860년 보스턴의 보석 세공사 윌리엄 머믈러는 우연히 이중 노출 실수로 자신의 셀카 뒤에 흐릿한 소녀의 형상이 찍힌 사진을 얻었습니다. 그는 이 실수를 "카메라 렌즈가 인간의 눈에는 보이지 않는 영혼을 포착했다"라는 기적으로 포장했고, 이 거짓말은 삽시간에 전 미국을 흔들었습니다.

남북 전쟁으로 수많은 이가 남편이나 아들을 잃은 슬픔에 잠겨 있던 미국 사회에서, 가족을 다시 한 번만이라도 보고 싶었던 유가족들은 머믈러의 사진관으로 구름처럼 몰려들었습니다.

그들은 거액을 내고 카메라 앞에 앉아 사진을 찍었고, 현상된 사진 속에서 떠난 아들이나 남편이 자신을 감싸안고 있는 모습을 보며 오열했습니다.

이 사기극의 정점은 바로 링컨 대통령의 영부인 메리 토드 링컨이었습니다. 남편 링컨 대통령이 암살당한 후 깊은 우울증에 빠져 있던 그녀는 머믈러를 찾아갔고, 며칠 뒤 그녀는 사진을 받아들고 전율했습니다. 그녀의 어깨에 죽은 남편 에이브러햄 링컨이 다정하게 손을 얹고 있는 모습이 선명하게 찍혀 있었기 때문입니다.

물론 이것은 머믈러가 미리 준비해 둔 링컨의 사진을 합성한 조잡한 가짜였습니다. 하지만 슬픔에 잠긴 절박한 유가족에게 그것은 부정할 수 없는 진실이었습니다.

결국 사기극이 드러나 머믈러는 법정에 서게 됩니다. 이 재판에는 '지상 최대의 쇼맨'이라 불리는 P.T. 바넘이 증인으로 나섰습니다. 바넘은 법정에서 자신이 조작해 만든 가짜 링컨 유령 사진을 증거로 제출하며 "나도 링컨 유령이랑 사진을 찍었소. 유령을 찍는 건 영적 능력이 아니라 그냥 기술이란 말이요"라고 비웃었습니다.

하지만 놀랍게도 재판 결과는 무죄였습니다. 판사는 "조작의 방법은 알겠으나 머믈러가 실제로 사기를 쳤다는 결정적 증거는 없다"라며 그를 풀어주었던 것입니다. 어쩌면 판사도 절박한 유가족들이 붙잡고 있는 마지막 희망을 사기라고 단정 지어 산산조각 내는 것이 두려웠던 것인지도 모릅니다.

죽은 자를 카메라 앞에 세우고 시신의 머리카락을 장신구로 만들었던 빅토리아 시대의 기이한 풍경들을 우리는 기괴하거나 엽기적이라고 말하기도 합니다. 하지만 어쩌면 그렇지 않을지도 모릅니다. 그들이 두려워했던 것은 죽은 시신이 아니었습니다. 그들이 진짜 두려워했던 것은 사랑하는 사람이 자신의 기억 속에서 희미해지는 것이었습니다.

그래서 그들은 썩어가는 육체를 붙잡고 차가운 사진 건판 위에 그리고 자신의 가슴 위에 그 흔적을 필사적으로 남기려 했습니다. 그 기괴한 집착의 다른 이름은 아마도 영원한 사랑이었을 것입니다.

우리는 스마트폰에 수천, 수만 장의 사진을 저장하지만 대부분은 제대로 들여다보지도 않는 시대를 살고 있습니다. 불편하고 무거웠지만 죽음을 온몸으로 껴안았던 그들. 생의 마지막 순간을 가장 진실하게 대했던 건 어쩌면 우리보다도 그들이 아니었을까요?

PART 4

잔혹한 개발에서 살아남기

"문명의 이름으로 자행된 학대,
그 처절한 현장에서 꾸역꾸역 일궈낸 오늘"

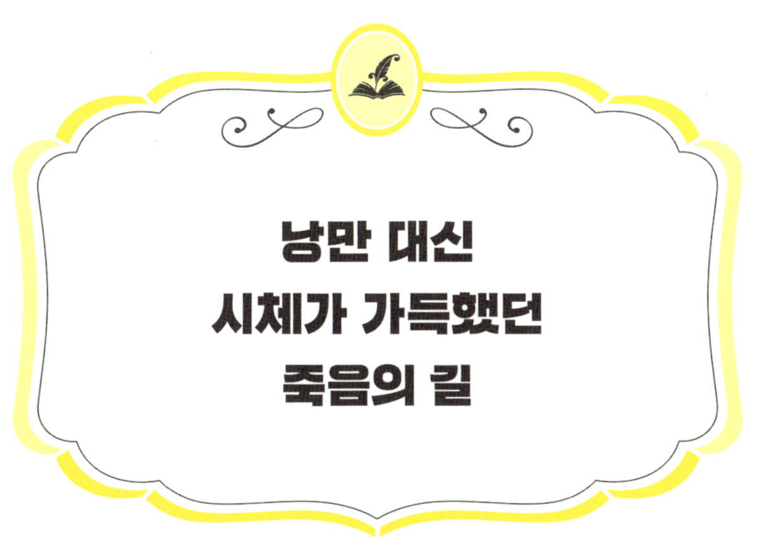

미국 중부 어느 사막을 횡단하는 한 가족이 있습니다. 태양은 작열하며 기온은 50도에 육박합니다. 지도에 따르면 이미 며칠 전에 마을이 나왔어야 했지만 아무리 걸어도 사람의 흔적은 보이지 않습니다. 아무래도 길을 잘못 든 것이 틀림없습니다.

물이 떨어진 지 이틀째, 마차를 끌던 소는 탈진하여 쓰러졌고 식량도 바닥났습니다. 아이들은 마른 입술을 깨물며 부모의 얼굴을 바라봤습니다. 그러나 부모는 아이들에게 더 이상 해줄 것이 없습니다.

밤이 되자 사막은 불과 얼음이 공존하는 지옥으로 변했습니다. 기온은 영하에 가까워졌고 아이들은 서로의 몸을 꼭 붙여 체온을 유지하려 했지만 몸은 점점 더 차가워졌습니다.

다음 날 아침, 어머니는 팔에 안겨 있는 막내를 흔들었습니다. 하지만 아이는 더 이상 숨을 쉬지 않았습니다. 절망에 빠진 가족은 마지막 힘을 다해 남쪽으로 향하기로 결정했습니다. 조금만 더 가면 마을이 나올지도 모릅니다. 그러나 그들의 발걸음은 점점 더 느려졌습니다.

몇 달 후, 인근 마을의 정찰대가 사막을 지나가다 쓰러진 마차와 흩어진 짐을 발견했습니다. 그리고 그 옆에는 바싹 마른 채 서로를 부둥켜안은 가족의 모습이 있었습니다. 아버지, 어머니, 그리고 두 아이. 그렇게 서부로 향하던 또 한 가족이 사라졌습니다. 그러나 이들이 유일한 희생자는 아니었습니다.

19세기 미국 서부 개척 시대, 수많은 개척자가 더 나은 미래를 찾아 서부로 떠났습니다. 길도 따로 없이 끝없이 펼쳐진 황야를 몇 달, 때로는 1년 이상 가로질러야 했고 그 여정에는 굶주림, 질병, 그리고 목숨을 위협하는 수많은 위험이 도사리고 있었습니다.

낮에는 타는 듯한 더위, 밤에는 뼛속까지 스며드는 한기 속에서 개척자들은 어떻게 먹고 잠을 자며 살아남을 수 있었을까요?

약속의 땅 서부로 향하는 개척자들

지금은 1850년, 당신은 미주리주 인디펜던스의 어느 거리에 서 있습니다. 이곳은 서부로 떠나는 개척자들로 북적이며 거리에는 마차를 고치는 대장장이와 말, 건빵, 마른 고기를 파는 상인들이 가득합니다.

당신이 떠나는 이유는 명확합니다. 동부는 땅값이 너무 비싸고 공장에서 하루 종일 일해도 겨우 연명할 수준입니다. 하지만 서부는 다릅니다. 개척자들에게 무료로 땅이 주어지고 새로운 기회가 기다리고 있습니다.

특히 오리건 준주(주[州] 자격에는 못 미치나 그에 비길 만한 행정구역)에서는 개척자 1인당 무려 320에이커(약 39만 평)의 땅을 제공하고 있습니다. 가족이 있다면 더 많은 땅을 받을 수도 있습니다. 그래서 당신은 가진 것을 모두 정리하고 힘들게 모은 돈으로 마차와 식량, 기타 준비물을 마련하려고 합니다.

다행히도 이 거친 여정을 혼자 떠나는 것은 아닙니다. 당신은 같은 목적지로 향하는 개척자들의 무리에 합류하기로 했습니다. 수십, 때로는 수백 대의 마차가 줄지어 서부로 향하는 이 행렬은 서로를 돕고 보호하며 이동합니다.

어떤 이는 금을 캐기 위해 캘리포니아로 갔지만, 당신과 일행은 비옥한 땅에서 농장주가 되는 꿈을 찾아 '오리건 트레일'이라 부르는 루트를 따라가기로 합니다. 각자 준비해야 할 것들이 많습니다. 그리고 준비가 부족하면 목숨을 잃을 수도 있습니다.

당신은 먼저 이동 수단인 마차를 선택해야 합니다. 처음에 코네스토가 마차를 염두에 두고 있었습니다. 이 마차는 크고 튼튼하며 엄청난 양의 짐을 실을 수 있는 대형 운송 수단입니다. 말이나 소가 여섯 마리 이상 필요할 정도로 무거운 짐을 싣고도 견딜 수 있는 마차로, 긴 여정을 떠나는 개척자들에게 이상적인 선택처럼 보였습니다. 하지만 마차를 판매하는 업자는 고개를 저으며 말합니다.

"코네스토가 마차로 서부까지 가려는 거라면 다시 생각해 보는 게 좋을 거요. 동부의 짧은 거리 이동에는 적합하지만 황야를 넘고 산을 지나야 하는 서부 횡단에는 너무 큽니다. 길도 없는 곳을 지나려면 가벼운 마차가 훨씬 나아요."

그의 말대로 코네스토가 마차는 너무 크고 무거웠습니다. 산악 지형을 넘거나 강을 건널 때 문제가 될 수도 있고, 짐을 많이 실을 수 있다는 장점이 오히려 독이 될 수도 있었습니다. 업자는 다른 대안을 제시합니다.

"대부분의 개척자는 프레리 스쿠너를 씁니다. 멀리서 보면 돛을 단 범선처럼 보여서 '초원의 범선'이라는 별명도 붙었는데, 코네스토가보다는 작지만 험난한 길을 가기엔 훨씬 나을 거요."

프레리 스쿠너는 장거리 이동에 최적화된 마차였습니다. 천

미국 서부 개척민들이 사용한 덮개 마차 '프레리 스쿠너'

막을 씌워 햇볕과 비를 차단하고 많은 짐을 실을 수는 없었지만 무게가 가볍고 이동이 수월하며 코네스토가보다 적은 수의 가축으로 끌 수 있어 장거리 여행에 적합했습니다. 당신은 고민 끝에 결국 프레리 스쿠너를 선택하고 짐을 최대한 줄이기로 합니다.

하지만 마차를 구입했다고 해서 끝이 아닙니다. 출발 전에 철저한 점검이 필요합니다. 바퀴가 튼튼한지, 축에 기름이 충분히 발라져 있는지, 작은 균열이 있는지 세심하게 살펴봐야 합니다. 낡거나 부실한 마차를 끌고 서부를 향했다가 사막 한가운데서 축이 부러진다면 그 순간 생존 가능성은 절반으로 줄어들기 때문입니다.

거북이걸음으로 가로지르는 기나긴 여정

마차 점검을 마쳤다면 이제 생존을 위한 물품을 준비해야 합니다. 이 여정은 최소 6개월, 길게는 1년이 걸릴 수도 있습니다. 식량으로 밀가루, 말린 고기, 콩, 소금 등을 최소한 4~6개월 버틸 수 있는 양이 필요합니다. 하지만 너무 많이 실으면 마차가 무거워지고 이동 속도가 느려집니다.

물통과 필터용 천은 필수입니다. 서부로 가는 길에서 깨끗한 물을 찾기 어렵기 때문에 강물이나 웅덩이의 물을 정수할 수 있도록 필터용 천과 여분의 물통이 필수입니다.

무기와 탄약도 필요합니다. 길을 가다 들짐승이나 도적을 만날 수도 있으므로 화약과 총알을 충분히 준비해야 합니다. 연장과 도구들도 잊지 말아야 합니다. 도중에 나무를 패고 땅을 파야 할 일이 많을 것입니다.

도끼와 삽, 망치 같은 기본적인 도구 없이는 제대로 된 캠프를 만들 수 없습니다. 예비 부품도 충분히 챙겨야 합니다. 바퀴가 부러지거나 축이 망가지는 일은 흔한 일입니다. 길 위에서 마차를 고칠 수 없다면 당신은 그대로 남겨질 것입니다.

그 밖에 의약품도 있어야 합니다. 감기, 이질, 열병 등 각종 질병은 이주자들의 가장 큰 적입니다. 해열제, 소독약, 붕대 등 최소한의 치료 도구가 없다면 작은 상처 하나도 치명적일 수 있습니다.

서부로 향하는 마차는 결코 빠르게 달릴 수 없었습니다. 개척자들은 평균 10~30km 정도밖에 이동할 수 없었는데, 날씨가 맑고 평지가 이어지면 최대 속도로 갈 수도 있었으나 그런 날은 손에 꼽을 정도였습니다. 험준한 산길, 질퍽한 강둑, 갑작스러운 폭풍이 닥치면 속도는 거북이걸음이 되었고 하루 10km도 못 가는 날이 허다했습니다.

당신이 출발하는 미주리주 인디펜던스는 서부로 향하는 개척자들의 집결지이자 수많은 마차 행렬이 오리건 트레일과 캘리포니아 트레일로 갈라지는 곳이었습니다.

당신의 목적지는 오리건 준주의 윌라메트 밸리. 그곳에는 비옥한 농지가 펼쳐져 있으며 새로운 삶을 시작할 수 있는 땅이 기다리고 있습니다. 하지만 그곳에 도착하기까지는 최소 3,200km 이상의 여정을 견뎌야 합니다.

이론적으로 날씨가 좋고 매일 30km 이동한다면 약 110일, 대략 4개월이면 노착할 수 있겠으나, 이는 어니까시나 이론일 뿐이고 가축이 병들거나 죽으며, 바퀴가 부러지고, 식량이 떨어지고, 개척자들 사이에 콜레라, 이질 같은 치명적인 전염병이 퍼지는 일은 흔했습니다.

마차 바퀴가 부러지면 수리하는 데만 하루, 강을 건너다 물살에 휩쓸려 짐을 잃으면 며칠, 병에 걸려 누군가가 죽으면 또 행렬은 멈춰야 했습니다. 결국 대부분의 개척자는 최소 6개월 이상 길 위에서 생활해야 했으며 그 과정에서 수많은 사람이 목숨을 잃었습니다.

출발할 땐 낭만적인 식사를 꿈꿨지만

하루 종일 산길과 험지를 통과하면서 길고 지친 하루를 보낸 당신은 이제야 마차를 멈추고 잠시 쉬려 합니다.

출발할 때만 해도 당신은 멋진 풍경 아래 캠프파이어를 피우고 여유로운 저녁 식사를 즐기는 모습을 상상했습니다. 그러나 곧 현실을 깨닫게 됩니다. 지친 당신이 겨우 마차를 멈춰설 때쯤 해는 이미 지고 허기와 피로가 동시에 밀려옵니다. 하지만 따뜻하고 맛있는 식사는커녕 배를 채울 최소한의 음식조차 준비하기 쉽지 않습니다.

개척자들이 사용한 마차는 단순한 이동 수단이 아니라 모든 짐을 실어야 하는 창고였습니다. 생필품, 그리고 식량까지 가득 차 있었기 때문에 이동 도중 짐을 꺼내 요리를 한다는 것은 매우 힘들고 번거로운 일이었습니다. 지친 당신이 지금 무엇을 먹을 수 있을까요? 당신 앞에 놓인 것은 딱딱한 빵, 말린 고기, 그리고 물 한 모금뿐입니다.

'하드택'이라고 하는 밀가루와 물, 소금으로 만든 단단한 비스킷은 보존성이 좋아 남북 전쟁 당시 군인들과 서부 개척자들이 항상 가지고 다니는 일종의 빵이었습니다. 너무 딱딱해서 물이 없으면 씹기도 힘들어 '치아 파괴기'라 불렀으며, 오래 보존하는 과정에서 벌레가 생기는 일도 많아 '벌레 비스킷'이라도 불

서부 개척 시대와 군대 등에서 널리 먹던 '하드택'

렀습니다.

오랜 보관을 위해 소금에 절여 말린 고기는 오늘날의 부드러운 육포를 상상하시면 실망하게 됩니다. 보통 너무 질기고 짜서 씹을수록 갈증만 더 심해졌습니다.

물을 구할 수 있다면 콩과 베이컨을 넣은 스튜도 끓일 수 있겠지만 물이 부족한 지역에서는 건조한 과일이나 견과류로 끼니를 때워야 합니다. 때로는 사냥으로 신선한 고기를 얻을 수도 있겠지만, 탄약을 아껴야 했고 사냥 자체도 숙련된 사격 실력이 필요했기 때문에 야생 동물을 본다고 해서 쉽게 잡을 수 있는 것은 아니었습니다.

때로는 식량 부족으로 가축을 도축하는 극단적인 선택을 해야 하는 경우도 있었습니다. 하지만 소나 노새를 먹어 버리면 더 이상 마차를 끌 수가 없습니다. 굶주림이 극심해지면 신발이나 마차 덮개 같은 가죽을 끓여 먹기도 했습니다. 그리고 사실 그보다 더 끔찍한 선택을 해야 했던 사람들도 있었습니다.

1846년 도너 파티라고 불리는 사건에서는 폭설로 고립된 87명의 개척자 중 절반가량이 사망했습니다. 그리고 살아남은 일부는 죽은 동료의 시신을 먹으며 생존해야 했습니다. 출발할 때는 낭만적인 저녁 식사를 꿈꿨지만 개척자의 매일은 생존을 위한 투쟁이었습니다.

소와 노새를 끌며 보낸 혹독한 밤

하드택을 돌로 두들겨 벌레를 털어낸 뒤 말린 고기와 함께 물에 담가 불려 겨우 저녁을 때우고 나니 극심한 피로가 몰려옵니다. 이제 잠은 어떻게 자야 할까요?

개척자들이 마차 안에서 편안히 잠을 자는 모습을 상상할 수도 있겠지만, 현실은 전혀 달랐습니다. 개척자들이 사용한 대표적인 마차, 즉 프레리 스쿠너의 크기는 폭 1.2m, 길이 3.4m에 불과했습니다. 하지만 그 작은 공간마저도 음식, 옷, 침구, 각종 도구와 생필품 등으로 가득 차 있었습니다.

결국 마차 안에는 사람이 눕거나 쉴 공간이 거의 없었고, 개척자들은 대부분 야외에서 잠을 청해야 했습니다. 밤이 되자 당신의 마차 행렬은 원형으로 세워 보호벽을 만들고 그 안에서 숙영지를 꾸렸습니다. 일부는 마차 주변에 천막을 쳤고, 천막이 없는 사람들은 바닥에 얇은 담요를 깔고 누웠습니다.

그러나 개척자들의 밤은 낮보다도 견디기 어려웠습니다. 한여름에는 모기와 파리 떼가 몰려들었고 독사들이 따뜻한 체온을 찾아 기어 들어오기도 했습니다. 만약 겨울이라면 뼛속까지 스며드는 냉기 속에서 서로의 체온에 의지해 얼어 죽지 않기 위해 버텨야 했습니다. 그리고 비라도 오는 날이면 차가운 진흙탕 위에서 잠을 청해야 했고 폭우가 심한 날은 홍수에 휩쓸릴 수도 있었습니다. 이들은 밤새도록 뒤척이며 질식할 듯한 더위와 얼어붙은 듯한 추위를 오가는 혹독한 환경 속에서 잠을 청해야 했습니다.

그러나 개척자들을 편히 잠 못 들게 하는 것은 날씨만이 아니었습니다. 짙은 어둠 속에서 언제 나타날지 모르는 맹수들, 코요테, 늑대, 곰은 개척자들에게 또 다른 공포였습니다. 때로는 잠을 자다 뱀에게 물리는 일도 많았고 제대로 된 치료를 받지 못하면 목숨을 잃기도 했습니다. 때로는 강도들이 마차 행렬을 노리기도 했는데, 이 때문에 개척자들은 밤에도 교대로 불침번을 서야 했습니다.

서부로 향하는 여행자들에게 편안한 잠자리란 사치나 다름 없었습니다. 매일 밤 가혹한 자연과 위험 속에서 버티는 것이 그들의 현실이었습니다. 단 한 순간도 방심할 수 없는 힘들고 고된 여행과 편안히 쉴 수 없는 잠자리에 지친 여행자들의 체력은 나날이 소진되었습니다.

밤이 지나고 아침이 밝았습니다. 어제 먹다 남은 음식으로 끓인 묽은 수프와 진한 커피로 에너지를 충전한 당신은 서둘러 짐을 정리하고 노새를 재촉해 길을 걸을 준비를 합니다.

잠깐, 말을 타고 초원을 천천히 거닐며 가는 것 아니었나요? 그런 편안한 여행을 생각했다면 이제 현실을 받아들이시기 바랍니다. 당신 앞에는 이미 커다란 마차와 함께 터벅터벅 걷기 시작한 동료들이 보입니다. 마차를 끄는 것은 날씬하고 우아한 말이 아닌 둔하고 힘센 노새와 소입니다.

당신 역시 마차에 오를 수는 없습니다. 마차는 사람을 태우는 것이 아니라 식량과 생필품, 도구를 실어 나르는 창고임을 잊지 마시길 바랍니다.

왜 개척자들은 말을 타지 않았을까요? 가장 큰 이유는 비용이었습니다. 말은 비쌌고 소나 노새에 비해 더 많은 양질의 초목을 섭취해야 했으며, 말의 체력을 유지하기 위해서는 귀리나 옥수수 등 영양 있는 사료를 공급해야 했습니다. 그래서 장거리 이

소가 끄는 마차로 이동하는 개척민들을 묘사한 19세기 삽화

동에 말은 현실적인 선택일 수 없었습니다.

개척자들은 서부를 떠나기 위해 마지막 남은 돈까지 마차, 식량, 생필품 구입에 쏟아부어야 했기 때문에 가성비가 중요했습니다. 소와 노새는 길에서 자란 거친 풀만으로도 생존할 수 있었습니다. 또 소는 느리지만 엄청난 힘을 가지고 있어 무거운 마차를 끌기에 적합했고, 노새는 거친 지형에서도 끈질기게 버틸 수 있었습니다.

결국 대부분의 개척자는 노새와 소를 동반자로 삼아 걷는 것을 선택할 수밖에 없고, 그들은 하루 종일 먼지를 뒤집어쓴 채 발이 부르트도록 걷고 또 걸어야 했습니다.

그렇다면 개척자들이 말을 전혀 사용하지 않았을까요? 그렇지는 않았습니다. 부유한 개척자, 대규모 목장을 운영하는 사람들은 말을 소유할 수 있었습니다. 하지만 일반적인 개척자들에게 말은 꿈같은 존재였고, 오히려 노새와 소가 서부 개척의 진정한 동반자였습니다.

급류와 폭풍을 뚫고 나아간 발걸음

맹수의 위협과 도적들의 습격보다 강한 비바람은 마차 틈새를 뚫고 들어와 모든 짐을 젖게 만들기 일쑤였습니다. 비가 오는 추운 밤에 젖은 옷과 침구 속에서 잠들면 저체온증으로 사망할 가능성이 높았습니다. 또 건조한 식량이 젖으면 쉽게 상하기 때문에 비가 올 때마다 개척자들은 마차가 젖지 않도록 필사적으로 막아야 했습니다.

하지만 마차를 아무리 보호해도 날씨는 개척자들을 가만두지 않았습니다. 갑작스러운 폭풍이 몰아치면 마차는 뒤집히고 바퀴가 부러지며 가축들이 사방으로 흩어졌습니다. 비가 내리면 땅은 순식간에 진흙탕으로 변해 마차 바퀴가 빠졌는데, 가축은 앞에서 끌고 사람들은 뒤에서 밀면서 나가야 했습니다.

그러나 비가 내리지 않는 날이라고 해서 상황이 나아지는 것은 아니었습니다. 서부로 가는 길목에는 끝없는 건조 지대가 펼쳐져 있었습니다. 이곳에서는 강한 바람과 모래 먼지가 천막 사이로 스며들어 식량과 물건 위에 쌓여 갔고, 마차 바퀴와 차축에 달라붙어 고장을 일으켰습니다.

낮에는 타는 듯한 태양이 개척자들을 내리쬐었고 사람과 가축은 지쳐 갔으며 피부는 화상으로 벗겨질 듯 따가웠습니다. 목이 마르지만 물은 한 모금씩 아껴 마셔야 합니다.

그러나 더 심각한 문제는 밤에 찾아옵니다. 밤이 되면 내륙 지방의 대지는 얼음처럼 차가워집니다. 낮 동안 40도를 넘던 기온이 밤에는 영하 가까이 떨어지는 일도 흔했습니다. 얇은 담요 한 장으로는 추위를 막기 어렵고 체온을 유지하지 못하면 영영 아침을 맞이하지 못할 수도 있습니다.

당신이 가장 좋아하는 취침 장소는 아마도 마차 아래일 것입니다. 건초를 가져다 깔고 자면 좀 더 따뜻하긴 하지만, 그러기 위해서는 진드기나 각종 벌레를 견뎌야 합니다. 이 무렵 당신은 너무 비싸서 사지 못했던 버펄로 가죽으로 만든 침낭을 무리해서라도 샀어야 했나 하고 후회하고 있습니다.

서부로 향하는 길에는 수많은 강과 개울이 개척자들의 앞을 가로막았습니다. 개척 시대에는 물론 다리 같은 것을 기대할 수도 없었고 어떻게든 강을 건너야 했는데 이 과정이 결코 간단하지 않았습니다.

먼저 강의 깊이를 측정하고 물살이 약한 곳을 찾아야 했으며, 물이 스며들지 않도록 마차 바닥에 밀랍을 발라 방수 처리를 해야 했습니다. 물이 너무 깊으면 마차는 순식간에 가라앉았고, 물살이 세면 마차가 뒤집혔으며, 소와 노새가 중심을 잃으면 짐과 함께 수장되는 경우도 다반사였습니다. 만약 강을 건너다 가축이 익사하면 모든 짐을 버리고 걸어서 가야 한다는 것을 의미했는데, 이렇게 되면 생존 자체를 기대하기 어려웠습니다.

많은 개척자가 강을 건너다 가축과 마차를 잃었고, 때로는 사람까지 급류에 휩쓸려 사라졌습니다. 이렇게 급류에 휩쓸린 사람을 구할 방법은 거의 없었습니다. 강을 건너는 것은 목숨을 건 모험이었고, 한 번의 실수로 모든 것을 잃을 수 있었습니다.

강을 무사히 건넜어도 짐이 젖으면 곰팡이가 생기거나 음식이 상할 위험이 있었습니다. 특히 밀가루나 건빵 같은 건조 식량이 젖으면 며칠을 안 가 버려야 했고, 물살과 싸우며 강을 건넌 가축들은 지쳐 버렸습니다. 마차의 바퀴와 축도 젖고 헐거워져 추가적인 수리가 필요했습니다.

개척민의 소지품과 생필품, 그리고 6개월에서 1년에 이르는 야생에서의 생존은 모두 마차에 실린 물품에 달려 있었습니다. 당시 서부로 가는 루트에는 길이라 부를 만한 것이 없었고, 짐을 가득 싣고 달리는 마차가 깨지고 부러지는 일은 일상이었지만, 이를 수리해 줄 전문가나 부품을 구할 방법은 없었습니다.

마차가 고장 나서 움직이지 못한다면 모든 것이 끝장이었습니다. 개척자들은 기본적인 수리 도구와 예비 부품을 챙겨야 했습니다. 도끼, 망치, 톱, 못 같은 공구는 필수였고 나무판자와 추가 바퀴도 필요했습니다.

하지만 아무리 준비해도 예상치 못한 사고가 발생하면 현장에서 어떻게든 해결해야 했습니다. 바퀴가 깨지면 근처에서 나무를 베어 직접 깎아야 했고, 차축이 부러지면 수리하거나 다시 만들거나 해서 어떻게든 기능을 하도록 해야 했습니다.

만약 마차를 수리할 수 없고 짐을 옮겨 실을 수 있는 다른 마차가 없다면 이는 거의 모든 짐을 포기해야 한다는 것을 의미했습니다. 대규모 개척자 대열에서는 어떻게든 나누어 분담할 수 있었지만, 한두 가족 단위의 소규모 무리에서는 죽음에 한발 다가선 것을 의미했습니다. 그들은 목수이자 대장장이자 기계공이어야 했습니다.

하지만 어떤 이들은 강인한 체력과 끈기로, 어떤 이들은 극적인 행운으로 끝까지 버텨냈습니다. 이렇게 이들은 가족과 서로를 의지하며 마침내 서부에 도착할 수 있었습니다.

그들이 그토록 힘들고 어려운 여정에 목숨을 건 이유는 무엇이었을까요? 더 나은 미래를 위해, 가족을 위해, 가난과 굶주림을 벗어나기 위해. 그들에게 서부는 희망이자 자유이자 새로운 시작이었습니다.

많은 이가 목적지에 도착하지 못했고, 도착한 이들조차 황무지에서 다시 한번 생존을 위한 싸움을 시작해야 했습니다. 모든 것이 불확실한 낯선 땅에서 그들은 두려움 속에서도 한 걸음씩 나아갔습니다.

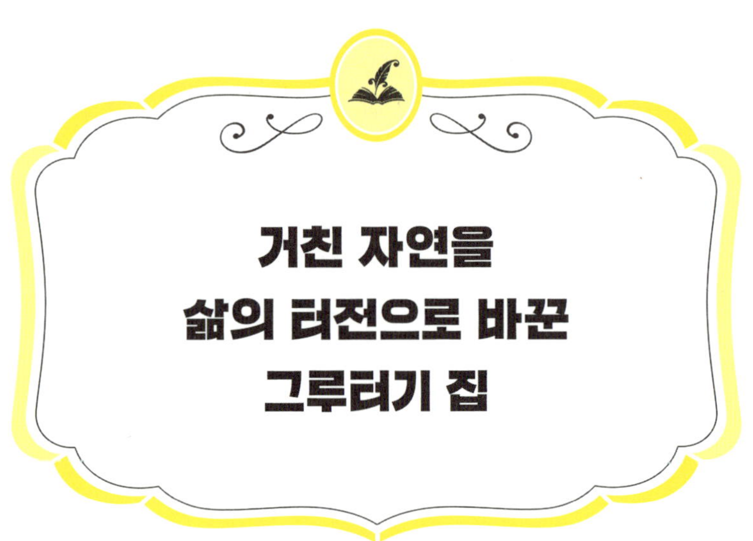

다음의 사진은 나무를 베어낸 뒤 남은 거대한 그루터기를 이용해 만든 집입니다. 19세기 미국 서부 개척 시대, 실제로 이 안에서 사람들이 생활했습니다. 깊은 숲속에서 터전을 마련해야 했던 개척민들에게 이것은 단순한 나무가 아니라 살아남기 위한 최선의 선택이었죠.

당신은 8개월 동안의 험난한 대륙 횡단을 마치고 마침내 미국 서부 오리건주의 작은 개척지 마을에 도착했습니다. 사방은 끝없는 황야와 울창한 숲으로 둘러싸여 있고 매서운 바람이 얼굴을 스치고 지나갑니다. 당신과 가족은 지쳐 있지만 아직 쉴 곳조차 없습니다. 가진 것이라곤 낡은 수레 한 대, 몇 벌의 옷 그리

서부 개척민들이 살던 그루터기 집

고 조금 남은 식량뿐입니다.

이제 이곳에서 모든 것을 새로 시작해야 합니다. 하지만 가장 시급한 문제는 당장 어디서 잠을 잘 것인가 하는 것입니다. 마을에는 이미 터를 잡은 정착민들이 있었지만 막 도착한 당신을 위한 빈집 같은 것은 없습니다. 당장 통나무집을 짓기에는 시간도, 도구도, 재료도 부족합니다.

그렇다면 개척민들은 이 낯선 땅에서 어떻게 머물 곳을 찾았을까요? 그리고 그들이 선택한 생존 방식은 무엇이었을까요?

그루터기 위에 세워진 집

서부 개척지 마을에 도착한 대부분의 사람들은 이곳에 오기 위해 가진 것을 모두 쏟아부었습니다. 부푼 희망을 품고 온갖 어려움을 견디며 도착했지만 그들에게는 아무것도 약속된 것이 없었고 단지 끝없는 황야와 스스로 개척해야 할 땅뿐이었습니다. 대부분의 사람들이 서부로 떠난 이유도 애초에 가난에서 벗어나기 위한 것이있고, 그래서 정착지에 도착했을 때 그들이 가진 것이라고는 허름한 수레 한 대와 최소한의 생필품뿐이었습니다.

새로운 삶을 꿈꾸며 도착한 이들은 우선 짐을 내린 뒤 마차 안에 짚을 깔고 그곳에서 잠을 청하거나 천막이 있는 경우 마을 한쪽에 작은 텐트를 치고 생활했습니다. 하지만 마차나 천막에서의 생활은 극도로 불편했고 특히 겨울이 다가오면 차가운 바람과 눈보라를 피할 방법이 마땅치 않았습니다. 밤이면 늑대나 곰 같은 야생동물이 천막이나 마차로 접근해 위협하는 일도 흔했습니다.

어떤 개척자들은 강이나 언덕을 파서 만든 땅굴집을 임시 거처로 삼았습니다. 땅을 깊이 파고 그 위에 나무와 흙을 덮어 바람을 막으면 겨울에는 상대적으로 따뜻한 공간을 확보할 수 있었습니다. 하지만 침수 위험이 높았고 흙이 쉽게 무너질 수 있어

안정적인 생활을 하기에는 어려움이 많았습니다.

운이 좋은 사람들은 마을의 공용 건물이나 이미 정착한 사람들의 헛간, 다락방을 빌려 머물 수도 있었습니다. 하지만 개척민들이 몰려들면서 이런 공간은 금세 부족해졌고 많은 사람은 결국 비바람을 맞으며 야외에서 잠을 자야 했습니다.

그렇다면 나무가 많은 지역에서는 개척민들이 어떤 방법을 사용했을까요? 미국에는 거대한 나무들이 군락을 이루는 지역이 많습니다. 특히 태평양 북서부 지역과 캘리포니아, 오리건, 워싱턴 일대에는 수령이 천 년이 넘고 높이가 100m에 달하는 거대한 나무들이 자라고 있었습니다. 대표적인 수종으로는 세쿼이아, 더글러스퍼, 레드우드, 시트카 가문비나무 등이 있었죠. 개척 시대가 시작되면서 이처럼 거대한 나무들은 목재 산업의 핵심 자원이 되었고 벌목 사업이 활발하게 이루어졌습니다.

하지만 수 미터에 달하는 거대한 나무를 베어내는 일은 간단하지 않았습니다. 당시 벌목꾼들은 커다란 손도끼와 긴 양날톱을 이용해 오랜 시간을 거쳐 나무를 잘라야 했습니다. 잘려나간 나무들은 강을 따라 운반되고 톱밥 공장으로 보내졌고 가구, 철도 침목, 건축 자재 등 다양한 용도로 사용되었습니다.

그러나 거대한 나무가 베어낸 뒤 남겨진 그루터기는 쉽게 제거할 수 없었습니다. 어떤 그루터기는 지름이 8m를 넘을 정도로 거대했으며 뿌리가 깊게 박혀 있어 일반적인 도구로는 뽑아

캘리포니아 군락에서 벌목 중인 개척민

낼 수도 없었습니다. 이런 거대한 그루터기들이 100년 이상 그 대로 남아 있는 경우도 많았습니다.

처음에는 단순한 벌목의 흔적에 불과했지만 그루터기는 시간이 지나면서 지역 사회에서 점차 중요한 역할을 하게 됩니다. 개척민들은 이런 넓고 평평한 그루터기 위에서 다양한 활동을 벌이기 시작했습니다. 특히 정치 집회와 선거 연설의 무대로 활용되면서 사람들이 그루터기 위에 올라 연설하는 모습이 흔했고, 정치적 연설을 의미하는 '스텀프Stump(그루터기) 스피치'라는 표현도 여기서 유래한 것입니다.

이 외에도 개척민들은 그루터기를 즉석에서 연주회나 춤을 추는 무대로 활용했습니다. 지역 축제나 모임이 열릴 때 마을 사람들이 그루터기 주위를 둘러싸고 음악을 연주하고 춤을 추며 공동체 문화를 형성한 것이죠.

그리고 집이 부족했던 개척자들은 마침내 이 그루터기를 활용해 집을 만들었습니다. 당시 벌목 업자들은 나무를 땅에서 3~4.5m 높이에서 잘라냈습니다. 뿌리 근처의 목재는 옹이가 많고 뒤틀려 있어서 건축용으로 적합하지 않았기 때문입니다. 이렇게 남겨진 거대한 그루터기는 자연스럽게 개척민들의 생활공간으로 활용되었습니다.

그러나 집으로 개조하는 과정은 결코 쉽지 않았습니다. 속이 비어 있는 그루터기를 찾는 것이 이상적이었지만 그렇지 않을 경우 개척민들은 곡괭이, 손도끼를 이용해 내부를 하나하나 깎아내며 공간을 확보했습니다.

나무 내부는 시간이 지나면서 부드럽게 썩어 가는 경우가 많았기 때문에 상대적으로 손쉽게 깎아낼 수 있었습니다. 때로는 직경 6m에 달하는 넓은 실내 공간이 만들어지기도 했습니다. 창문과 문을 달고 난로를 설치하고 작은 다락방까지 만들면서 그루터기 집은 단순한 임시 거처가 아닌 실제로 생활할 수 있는 공간으로 변신했습니다. 일부는 지붕을 얹어 2~3층 구조로 개조되었고 가족 구성원 각자에게 개별 공간이 주어지기도 했습니다.

서부 개척 시대 가난한 개척민들이 가장 절실했던 것은 당장 머물 수 있는 집이었습니다. 하지만 집을 짓기 위해서는 목재, 못, 도구 같은 자원이 필요했으며 이를 구하는 데는 돈과 시간이 많이 들었습니다. 이런 상황에서 거대한 그루터기를 활용하는 것은 가장 현실적이고 경제적인 해결책이었습니다.

그루터기 집은 개척민들이 정착을 준비하는 동안 중요한 역할을 했습니다. 땅을 개간하고 농사를 시작하고 통나무집을 지을 때까지 몇 달에서 길게는 몇 년 동안 그루터기 집에서 생활하는 경우도 흔했습니다. 가족들이 함께 첫 겨울을 버텨냈으며 개척의 기반을 마련해 나간 것이죠.

그러나 밤이 되면 그루터기 내부는 칠흑같이 어두워졌습니다. 두꺼운 나무를 뚫고 힘들게 작은 창문을 낸다고 해도 외부의 빛은 매우 제한적으로만 들어왔고 오직 희미한 등잔불과 난로의 불빛이 공간을 밝힐 뿐이었죠.

벽은 나무껍질과 거친 목재로 둘러싸여 있었고 바닥은 흙과 톱밥으로 덮여 있었습니다. 바닥이 습해지는 것을 막기 위해 짚을 깔았지만 비가 오면 내부는 눅눅해졌습니다.

겨울이 되면 실내는 얼어붙을 정도로 추웠습니다. 난로를 설치해도 한밤중이 되면 불길이 사그라지면서 냉기가 스며들었고 나무 벽이 두껍기는 했지만 그루터기 자체가 습기를 품고 있어 쉽게 따뜻해지지 않았습니다. 개척민들은 모포를 겹겹이 덮고 한데 모여 잠을 잤고 아침이면 벽면에는 차가운 물방울이 맺혀 있었습니다.

하지만 겨울보다 힘든 것은 여름이었습니다. 그루터기 집 내부는 통풍이 잘되지 않아 한여름에는 내부 공기가 정체되면서 퀴퀴한 냄새와 열기가 가득 찼습니다. 나무속에 남아 있던 수액이 더운 날씨에 녹아내리면서 끈적끈적한 진액이 벽을 따라 흐르기도 했습니다.

정착민들은 창문을 더 크게 뚫어 공기를 순환시켰지만 그러면 또 다른 문제가 생겼습니다. 벌레와 설치류들이 끊임없이 침입했습니다. 거대한 그루터기의 틈새마다 개미와 곤충들이 들끓었고 쥐와 다람쥐 같은 작은 동물들이 집 안을 오가며 식량을 훔쳐갔습니다.

어떤 경우에는 숲에서 내려온 너구리나 오소리가 밤중에 문을 두드리거나 심지어 내부로 들어오기도 했습니다. 가족들이 깊이 잠든 한밤중 벽에서 갑자기 긁히는 소리가 들리면 모두가 깜짝 놀라 깨어났습니나.

가장 무서운 것은 예상치 못한 손님인 곰이 찾아오는 것이었습니다. 음식 냄새가 새어 나가면 근처를 배회하던 곰이 냄새를 따라와 문을 두드리거나 벽을 긁어대기도 했습니다. 그래서 밤마다 불침번을 서며 난로를 피워 곰이 접근하지 못하도록 했습니다.

불의 위험도 늘 도사리고 있었습니다. 그루터기 집의 내부에서 불을 피울 때 나무 벽이 마르면 불씨가 튀어 화재로 번질 가능성이 있었습니다. 한순간의 실수로 불이 옮겨붙으면 거대한 그루터기는 순식간에 불길에 휩싸일 수 있었죠. 실제로 일부 그루터기 집은 작은 불씨로 인해 한밤중에 잿더미가 되었다는 기록도 남아 있습니다.

이처럼 그루터기 집에서의 생활은 편리한 것이 아니라 매 순간 생존을 위한 싸움이었습니다. 개척민들은 습기와 추위, 벌레와 야생동물, 화재의 위험 속에서도 꿋꿋이 살아남아야 했습니다.

마을을 지탱한 그루터기 공간들

한 개척 마을에서는 그루터기 집이 마을 최초의 술집으로 변신한 사례도 있었습니다. 그루터기의 거친 나무 벽을 그대로 살린 실내에는 작은 나무 탁자와 두어 개의 나무 의자가 놓였습니다. 주인은 술통을 벽에 기대어 놓고 손님이 오면 컵 대신 손바닥만 한 나무 조각에 홈을 파 술잔으로 사용했죠.

사람들이 모여 앉아 긴 개척 생활의 피로를 잊으려 한 잔씩 걸치던 그곳, 세상에서 가장 작은 그루터기 술집은 마을 개척자들의 유일한 안식처가 되었습니다.

그루터기 집은 때로는 마을의 우체국 역할도 했습니다. 다음 사진에 보이는 우체국은 미국 워싱턴주 올림픽 반도 북단에 위치한 항구도시 포트앤젤레스에 세워져 있던 것으로, 가운데에

우체국으로 사용했던 그루터기

있는 둘레가 43m에 이르는 거대한 삼나무 그루터기 주변에 판자를 둘러 만들었습니다. 사진에서는 판자에 가려 그루터기가 잘 보이지 않는데 현재는 판자가 다 제거된 상태로 그루터기만 남아 있습니다.

이주민들이 더 나은 집을 짓게 되면서 그루터기 집은 점점 다른 용도로 활용되기 시작했습니다. 특히 가축을 키우는 개척민들은 그루터기 집을 임시 헛간이나 마구간 또는 닭장으로 활용했습니다.

어느 마을의 한 개척민은 자신의 그루터기 집을 조랑말의 우리로 개조한 사례도 있었습니다. 원래 사람이 살던 공간이었기에 문도 있고 창문도 있었지만 이제는 한가로운 조랑말이 그 안에서 쉬고 밤이 되면 낡은 지붕 너머로 말의 코고는 소리가 새어 나왔습니다.

심지어 몇몇 개척민들은 그루터기 집을 젖소를 위한 임시 마구간 또는 닭장으로 사용했습니다. 마을 사람들에게는 신선한 우유와 계란을 제공할 수 있었고 개척민들의 중요한 생계 수단이 되었습니다.

위험으로부터 몸을 숨길 수 있는 피난처로 활용되기도 했습니다. 어느 서부 마을에서는 개척민들이 강도단의 습격을 받을 때마다 아이들과 여성들이 그루터기 집 안으로 숨어 생명을 지킨 사례가 전해집니다. 문과 창문을 막아두고 외부에 가죽과 나무껍질을 덮어 위장하면 그루터기는 그냥 평범한 나무처럼 보였고 외부에서는 사람이 숨겨져 있다는 걸 알아채기 어려웠습니다. 이처럼 그루터기 집은 개척민들의 단순한 임시 거처가 아니라 살아가는 공간이자 마을을 지탱하는 중요한 시설이었습니다.

그러나 시간이 지나면서 정착민들은 점점 더 큰 통나무집을 짓기 시작했고, 그 집들은 점차 역사의 한 페이지로 사라져 갔습니다. 하지만 개척 시대를 살아간 사람들에게 그루터기는 단순한 벌목의 흔적이 아니었습니다. 그것은 새로운 삶을 개척하던 시기의 상징이었고 희망과 생존의 증거였습니다.

안전한 벽과 따뜻한 난방이 있는 집, 언제든 켤 수 있는 전기, 수도꼭지를 틀기만 하면 나오는 깨끗한 물. 우리가 너무나도 당연하게 여기는 것들이 과거에는 어느 하나도 결코 쉽지 않은 것들이었습니다. 그리고 지금 누리는 편리한 주택의 시설들은 결코 우연히 생겨난 것이 아닙니다.

작은 그루터기를 집으로 바꿨던 그 창의력이 결국에는 벽난로를 지나 중앙난방으로, 초를 지나 전기로, 나무 양동이를 지나 현대식 배관으로 이어졌습니다. 그들의 끊임없는 노력과 발명이 쌓이고 쌓여 오늘날 우리가 누리는 편리한 주택과 생활환경이 만들어진 것입니다.

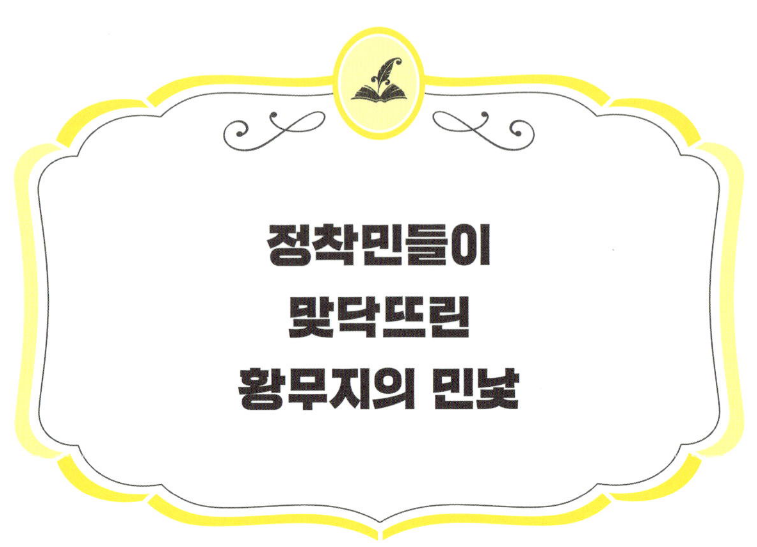

며칠간 이어진 강추위에 가축들이 얼어 죽고 다음 날 또 한 가족이 숨을 거둡니다. 아버지는 싸늘한 시신을 담요에 감싸 집 밖으로 옮기고 어머니는 눈물을 흘립니다. 밤새 떨던 아기는 새벽녘에 끝내 숨을 거두었고 엄마는 아이를 묻을 수가 없어 헛간 구석에 조용히 뉘었습니다. 이것은 영화 속 장면이 아닙니다. 과거 미국 중서부 수많은 개척 마을의 냉혹한 현실 중 일부에 불과합니다.

그런데 그들은 왜 그토록 혹독한 삶을 견뎌야 했을까요? 서부로 이주한 개척민은 5년 안에 어떻게든 집을 짓고 땅을 개간해야 했습니다. 이들은 대부분 가진 것 없고 가난한 사람들이라 황량한 대지 위에서 맨주먹으로 모든 것을 해결해야 했습니다. 나무가 많은 지역에서는 그루터기 집이나 통나무집을 지을 수도 있었지만 모든 지역에 울창한 나무가 있었던 것은 아니었습니다.

그래서 초원 지역처럼 나무가 많지 않은 지역에서는 흙 잔디를 이용해 '잔디집'을 지었습니다. 이는 한국의 초가집과 조금 비슷한 형태입니다. 먼저 땅을 파는 도구를 이용해 잔디가 깔린 땅을 두께 약 10~15cm, 폭은 약 30cm, 길이는 약 60~90cm 정도 되는 직사각형 블록으로 잘라냅니다.

이 잘라낸 블록은 잔디의 뿌리와 흙이 단단히 얽혀 있어 의외로 견고하며 쉽게 무너지지 않습니다. 개척민들은 이 블록들을 벽돌처럼 차곡차곡 쌓아 올려 벽을 만들었습니다.

보통 두께가 있는 이중벽 구조로 쌓았고 단열을 위해서 안쪽과 바깥쪽 사이에 흙이나 건초를 채워 넣기도 했습니다. 그리고 최종적으로 틈새마다 흙이나 진흙을 발라 바람이 스며들지 않도록 메워 줍니다.

지붕은 목재가 조금이라도 있으면 그것을 가로로 엮어 지붕틀을 만들고 그 위에 풀과 흙을 덮어 만든 초가지붕 형태를 띠었습니다. 나무가 아예 없는 지역에서는 잔디 블록 자체를 지붕 위에 쌓기도 했습니다. 다만 무게가 무거워 지붕이 주저앉는 일이 많았기 때문에 가능한 한 얇게 만들고 경사를 주는 것이 일반적이었습니다.

흙과 잔디로 만든 '잔디집'

흙벽과 들소 똥으로 버틴 대초원의 겨울

잔디집은 나무가 부족한 북아메리카 대평원 지대에서 특히 흔했습니다. 캔자스, 네브래스카, 다코타, 오클라호마, 몬태나, 그리고 와이오밍 같은 지역들은 숲이 거의 없는 황량한 평원으로 정착민들은 그 땅의 단단한 잔디를 벽돌처럼 잘라 집을 지을 수밖에 없었습니다. 하지만 이 집은 우리가 생각하는 아늑한 집과는 거리가 멀었습니다.

비가 오면 천장에서 물이 새고 햇빛이 강하게 내리쬐면 벽이 무너지기도 했습니다. 여름에는 파리 떼와 벌레가 들끓었고 겨울이 오면 바람이 벽 틈 사이로 그대로 스며들어 냉기가 온 집 안을 채웠습니다. 집이라고 부르기에는 너무 작았고 쉼터라 하기에는 너무 추웠습니다. 아이들은 다락방에서 서로 등을 맞댄 채 몸을 웅크리며 잤고, 어른들은 그 아래에서 짚더미 위에 덮은 낡은 이불 하나에 몸을 뉘었죠. 가구는 거의 모두 직접 깎아 만들어야 했습니다.

삐걱거리는 나무 의자와 틈 사이로 흙가루가 떨어지는 조잡한 책상. 유리는 사치였고 창문은 천으로 겨우 막은 채 겨울을 버텨야 했습니다. 밤이면 벽 틈을 따라 쥐들이 들락날락했고 파리 떼는 음식이며 아이들의 얼굴을 마음껏 돌아다녔습니다. 사생활이란 존재하지 않았고 안락함이란 말은 먼 이야기처럼 들렸습니다. 집이란 그저 눈과 비 그리고 죽음을 막아주는 구조물일 뿐이었습니다.

겨울이 시작되면 사는 것이 아니라 버티는 것에 집중하게 됩니다. 흙집의 벽은 두껍지만 단열은 거의 되지 않고 문틈과 지붕 사이로 바람이 쉬지 않고 스며듭니다. 아침이 되어도 실내의 온도는 실외와 별반 다르지 않으며 난방의 유일한 수단은 벽난로입니다.

하지만 나무가 귀한 초원지대에서는 장작을 구하는 것도 쉽지 않습니다. 이미 주변의 나무는 오래전에 다 베어졌고 울타리 기둥과 헛간의 서까래까지 떼어내 불을 피워야 할 때도 있습니다. 더 이상 태울 것이 없을 때 개척민들은 들소 똥을 주워 말려서 '버펄로 칩'이라는 연료를 사용했습니다. 하지만 버펄로 칩은 쉽게 타지만 오래가지 않습니다. 손에 냄새가 배고 연기도 자극적이었죠.

그 불은 방 안을 데우기엔 턱없이 부족합니다. 그래서 사람들은 벽난로 앞에서 웅크린 채 서로의 체온으로 하루를 버팁니다. 침대 위에서 잠들었다가 동이 틀 무렵 얼어 죽은 채 발견되는 일도 드물지 않았습니다.

가장 두려운 건 눈보라입니다. 중서부의 겨울 폭풍은 때로 수일간 이어지며 시야를 잃게 하고 외부 출입을 완전히 차단시켜 버립니다. 눈이 뚫고 들어오는 문틈을 막기 위해 젖은 헝겊과 흙

연료로 사용했던 버펄로 칩 더미

을 덧대고 이불을 문 위에 걸쳐 놓습니다.

하지만 그렇게 막아도 냉기는 사방에서 스며듭니다. 바람 소리와 외양간에서 들려오는 가축들의 울음소리가 멈추면 당신은 가슴이 철렁합니다. 그것은 곧 또 한 마리가 죽었다는 신호이기 때문이죠.

고독과 불안이 낳은 붕괴와 고립

식량 보관도 큰 문제였습니다. 추위를 피해 저장한 감자는 얼어버렸고 병조림은 깨지기 일쑤였습니다. 얼지 않게 하려고 벽난로 옆에 두면 쥐와 파리가 먼저 손을 댑니다. 밀가루나 옥수숫

가루도 한 봉지 남짓 남았을 뿐 커피와 설탕은 이미 가을에 끊겼고 사치품이던 통조림은 아이의 생일에 꺼내 먹은 것이 마지막이었습니다.

하루하루는 길고 밤은 더 깁니다. 매일 한 번 따뜻한 죽을 끓이는 것조차 호사처럼 느껴지며 당신의 가족은 서로의 눈빛만으로도 말 없는 위로를 주고받습니다. 겨울은 모든 것을 시험합니다. 당신의 몸, 인내, 가족, 그리고 삶에 대한 의지를.

그리고 그 겨울은 아직 끝나지 않았습니다. 당신의 이웃 리디아의 남편은 식량을 구하러 나갔다가 돌아오지 않고 있습니다. 리디아는 며칠째 잠을 자지 못했고 혼잣말을 하다가 조용히 웃었다가 그리고 끝내 아무 말도 하지 않게 되었습니다. 어제 아침 늦게 잠에서 깬 그녀는 작은 아이를 품에 안고 변소로 향했습니다.

영화 〈홈스맨〉에도 등장하는 이 장면은 19세기 실제 미국 서부에서 드물지 않게 일어난 현실의 한 단면입니다. 개척민 여성들의 삶은 생각보다 훨씬 더 고립되어 있었습니다. 집과 집 사이는 수백 미터 이상 떨어져 있었고 눈이나 비가 내리면 외출은 사실상 불가능했습니다. 편지를 보내도 답장을 받기까지 몇 달이 걸렸으며 이웃의 얼굴을 몇 주간 보지 못하는 일은 흔했습니다.

바깥과 단절된 채 여성들은 집 안에서 하루 종일 아이를 돌보고 가축을 보살피고 밥을 지으며 병든 가족을 간호하고 다시 다음 날을 준비했습니다. 그렇게 하루하루가 반복되었고 말할 상대가 사라진 세상 속에서 그녀들은 점점 침묵에 잠겼습니다.

당시에 남겨진 일기장에는 "하루 종일 울었다. 내 목소리를 잊은 것 같다"라는 문장이 기록되어 있었고 그 마음은 종종 갑작스러운 무너짐으로 드러났습니다. 누군가는 아이를 안고 강물에 뛰어들었고 누군가는 아무런 말이 없이 눈보라 속으로 사라졌습니다. 그리고 누군가는 리디아처럼 작은 아이를 안고 조용히 변소로 향했습니다.

그것은 단지 슬픔이 아니라 긴 고립과 절망, 그리고 끝없는 불안이 만들어낸 붕괴였습니다. 이 땅에서 살아남는다는 것. 그것은 단지 육체만의 싸움이 아니라 마음을 잃지 않기 위한 고독한 싸움이기도 했습니다.

소리 없이 찾아온 질병의 습격

당시에는 당연히도 실내 화장실이 없었습니다. 변소는 집 뒤편에 나무판자로 허술하게 지은 것이 대부분이었는데 그마저도 없는 곳에서는 덤불 뒤나 구덩이를 파서 볼일을 해결해야 했습니다.

겨울이 되면 그 작은 변소는 얼어붙은 오물 덩어리로 변했고 앉는 자리에는 얼음과 함께 진한 악취가 올라왔습니다. 밤중에 이용하려면 손에 횃불이나 등불을 들고 눈밭을 헤쳐 나가야 했고 추위와 어둠 속에서 그 짧은 길은 유난히 길고 고통스러운 여정이 되었습니다.

하지만 여름이라고 상황이 나아지는 것은 아니었습니다. 배설물 더미 근처에선 파리와 모기떼가 쉴 새 없이 날아들었고, 연료로 쓰기 위해 마당에 쌓아둔 버펄로 배설물에서 생긴 악취는 바람을 타고 집 안까지 퍼져 들어왔습니다. 방충망은 물론 유리창 하나 설치할 이유도 없었던 대부분의 집은 바람뿐 아니라 벌레들까지 그대로 들이기 일쑤였습니다.

손 씻을 물도 귀했기 때문에 대부분은 더러운 손으로 식사를 해야 했고 음식을 준비하는 도중에도 파리 떼와 싸워야 했습니다. 당신은 음식을 덜어주면서 아이들 얼굴 위에 붙은 파리를 떼어내고 다시 손에 묻은 파리를 털어내며 밥을 먹습니다.

아이들은 어느 날부터 기침을 하기 시작했고 곧 열이 나며 며칠이 지나면 가족 모두가 눕게 됩니다. 그 냄새와 벌레와 오물이 가득한 공간에서 개척민들은 태어나고 자라고 병들고 죽어갔습니다. 위생과는 동떨어진 당시의 생활상은 왜 그렇게 많은 개척민이 질병으로 사망했는지를 설명해 줍니다.

실제로 19세기 중반 미국 서부 개척지에서는 이질, 콜레라, 장티푸스, 디프테리아 같은 수인성 전염병이 만연했고, 오염된 물과 열악한 위생 환경, 벌레에 물린 상처 하나조차 치명적인 감염으로 이어질 수 있었으며 많은 가족이 단 한 번의 유행병으로 절반 가까이 사망하기도 했습니다. 깨끗한 물, 손 씻기, 실내 화장실이 당연한 오늘날의 기준으로는 상상하기 어려운 삶이었지만 당시 개척민들에게는 그것이 일상이었고 피할 수 없는 현실이었습니다.

질병은 소리 없이 찾아왔습니다. 가족 중 누군가가 앓으면 이 작은 흙집 안에서 병이 퍼지는 데는 하루도 걸리지 않았습니다. 이질에 걸린 아이들은 단 몇 시간 만에 탈수로 사망하기도 했고 콜레라는 말 그대로 죽음의 파도처럼 가족 전체를 덮쳐갔습니다.

고립된 개척지에서 의사의 진료를 받는다는 것은 거의 불가능에 가까운 일이었습니다. 인근 마을까지는 보통 수십 리가 넘는 거리였고 눈보라가 치거나 마차가 없는 경우에는 움직이는 것조차 어려웠습니다.

집 안에 비치된 약이라고는 아스피린도 없던 시절 민간요법에 의존하는 몇 가지 가루약이나 기침 시럽 그리고 피를 멎게 하기 위한 허브와 술이 전부였습니다. 그마저도 병의 종류에 따라선 아무런 효과가 없었습니다.

더 끔찍한 건 죽음 이후였습니다. 질병이 퍼졌다는 소문이 돌면 이웃들은 근처에 다가오지 않았습니다. 장례를 치러 줄 사람도 시신을 옮겨 줄 손길도 없었습니다. 간신히 살아남은 사람은 가족을 묻기 위해 구덩이를 파고 서둘러 흙을 덮었습니다.

하지만 그 얕은 무덤은 밤을 넘기지 못하는 경우가 많았습니다. 굶주린 늑대가 몰래 다가와 흙을 파헤쳤고 다음 날 아침 다시 땅 위로 드러난 가족을 마주하기도 했습니다.

하루하루 반복되는 가혹한 노동

죽음은 늘 눈앞에 있었습니다. 오늘은 누군가를 묻고 내일은 그 곁에 또 하나의 무덤을 파야 할지 모른다는 불안 속에서 사람들은 아무렇지 않게 하루를 맞이해야 했습니다.

죽음을 마주한 다음 날 아침에도 개척민들은 일어나야 했습니다. 여전히 끝나지 않은 하루의 노동이 기다리고 있었고 남은 사람은 어떻게든 살아남아야 했기 때문입니다. 땅을 개간하고 가족이 먹을 최소한의 식량을 마련하기 위해서는 휴식과 여가라는 개념 자체가 사치였습니다.

중서부의 척박한 토양은 잠시라도 손길이 닿지 않으면 금세 거칠어졌고 남성들은 사냥과 밭일, 도끼질과 수리 같은 육체노동에 하루를 바쳐야 했습니다. 여성들은 식물 채집, 음식 준비와 저장, 바느질, 세탁, 청소, 육아 그리고 가축 돌보기에 이르기까지 하루 종일 단 한 순간도 쉬지 못하고 몸을 움직였습니다.

겨울을 나기 위한 준비는 1년 내내 계속되었습니다. 생존을 위해 식량을 미리 비축해 두는 것은 필수였고 과일을 병조림으로 저장하거나 고기를 소금에 절이고 훈제해 보관하는 일은 하루 종일 불 앞에서 있어야 하는 고된 작업이었습니다. 조리와 난방을 위한 불씨를 꺼뜨리지 않는 일 또한 여성들의 몫이었으며 이는 단순한 가사 노동이 아닌 가족의 체온과 생명을 지켜내는 절실한 책임이었습니다.

옷은 모두 손바느질로 직접 만들어야 했습니다. 당시에도 재봉틀이 판매되고는 있었지만 개척지의 일반 서민에게는 너무 비싼 가격이었습니다. 빨래는 근처 냇가에서 무릎을 꿇고 손으로 해야 했으며 손이 트고 갈라지는 일은 일상이었습니다. 외양간의 가축을 돌보고 젖을 짜고 먹이를 주는 일도 날마다 반복됐고 그 모든 일들 사이로 아이들을 돌보고 병든 가족을 간호하는 시간까지 감당해야 했습니다.

이렇게 하루하루 반복되는 끝없는 노동은 육체적인 피로를 넘어 정신적인 고통까지 더해졌고 정착민들 사이에서 우울증과 무기력증이 퍼졌다는 사실은 결코 놀라운 일이 아니었습니다.

서부 개척민들의 삶을 위협한 것은 단지 혹독한 겨울과 가난, 질병만은 아니었습니다. 자연은 때때로 그들의 생존을 무너뜨리는 압도적인 방식으로 모습을 드러냈습니다.

그중에서도 1874년 여름 대초원을 뒤덮은 메뚜기 떼는 개척

캔자스 농부들이 메뚜기와 싸우는 모습을 만화로 묘사한 작품

민들에게 치명적인 재앙으로 기억되고 있습니다. 당시의 기록에 따르면 그해 미국 중서부와 대평원 지역에 출현한 메뚜기의 수는 무려 12조 마리에 달했으며 그 거대한 무리는 하늘을 어둡게 뒤덮으며 이동했고 눈에 보이는 모든 것을 먹어 치웠습니다.

네브래스카, 캔자스, 미네소타, 다코타, 콜로라도 그리고 아이오와 일대에 걸쳐 퍼진 이 재앙은 수확을 앞둔 농작물은 물론 들판의 풀과 마차의 마룻바닥, 나무 울타리, 심지어 가죽 장화와 천막까지도 갉아먹을 정도였습니다.

메뚜기 떼는 농장에 도착하자마자 옥수수, 밀, 감자, 보리를 순식간에 초토화했고 불과 몇 시간 만에 한 해 동안 땀 흘려 준비한 식량이 완전히 사라졌습니다. 피해 지역에서는 굶주림이 시작되었고 일부 마을에서는 이재민이 발생했으며 연방 정부의

244

구호를 요청해야 할 만큼 상황은 심각했습니다.

1874년의 이 재앙은 단 한 번의 자연 현상이 어떻게 자급자족을 기반으로 한 개척민들의 삶을 완전히 무너뜨릴 수 있는지를 보여주는 상징적인 사건이었습니다.

소리 없이 사라진 아이들과 꿈

서부 개척민 가족에서 아이들은 축복이자 노동력이었으며 동시에 가장 먼저 희생되는 존재였습니다. 많은 가정이 10명이 넘는 자녀를 두었지만 그중 절반 가까이는 성인이 되기 전에 병이나 사고로 세상을 떠났습니다.

당시 5세 이하의 유아 사망률은 평균 40%에 달했고 더운 여름에 이질이나 추운 겨울의 폐렴 한 번만으로도 온 가족이 통째로 무너지는 일이 드물지 않았습니다.

아이들은 태어날 때부터 노동의 일원이었고 다섯 살 무렵이면 물을 길어오고, 일곱 살이 되면 가축을 돌보며, 열 살이 넘으면 어른과 함께 밭일을 하러 나가야 했습니다.

교육은 사치에 가까웠습니다. 학교가 있는 마을은 수십 리 이상 떨어져 있는 경우가 대부분이었고 부모들은 글을 배우는 것보다 감자를 수확하는 법을 배우는 것이 더 현실적인 일이라고 여겼습니다. 많은 아이가 글을 모른 채 자랐고, 잦은 굶주림과 노동으로 제대로 자라지 못한 채 추위와 전염병, 사고에 그대로 노출되었습니다.

고열에 시달리던 아이들은 하루 이틀 만에 숨을 거두는 일도 드물지 않았고, 마차에 깔리거나 우물에 빠지거나 도끼에 손을 베이는 일처럼 갑작스러운 사고도 흔했습니다. 하지만 그런 죽음은 특별하지 않았고 곧 다음 일을 준비하는 일상으로 덮였습니다.

모든 개척민이 개척지에서 살아남은 것은 아니었습니다. 많은 이들이 결국 땅을 포기하고 집을 떠났으며 다시는 돌아오지 않았습니다.

1862년 제정된 홈스테드법은 누구에게나 160에이커, 즉 19만 평 이상의 땅을 무상으로 제공했지만 조건은 결코 가볍지 않았습니다. 5년 동안 실제로 거주하며 땅을 경작하고 개선해야 한다는 조건 아래 많은 정착민이 꿈을 안고 서부로 이주했지만 그 중 절반 가까이는 땅을 지키지 못했습니다. 나무가 없고 물이 부족하고 농사가 실패로 끝났으며 병으로 가족을 잃고 빚이 쌓이자 땅은 저당 잡히거나 압류되었습니다.

개간을 포기한 땅은 다시 황무지로 돌아갔고 버려진 잔디 집은 지붕이 무너진 채 풀숲 속에 묻혀갔습니다. 고된 노동과 추위, 굶주림을 견뎌낸 이들도 많았지만 그 모든 것을 버티기엔 인간의 체력과 마음이 유한했습니다.

남편이 병으로 죽거나 사고를 당한 뒤 아내와 아이들만 남은 가정은 농장을 유지하기 어려웠고, 가족 단위로 동부로 돌아가거나 친척 집으로 흩어지는 일이 종종 있었습니다. 때로는 마차 하나 없이 도보로 다시 대륙을 거슬러 올라가야 했던 이들도 있었습니다. 그렇게 정착민들의 마을은 생겨났다가 사라졌고 개척의 흔적은 바람에 깎인 담장 기둥과 무너진 굴뚝만을 남긴 채 사라졌습니다.

19세기 미국 서부 개척 시대는 오랫동안 모험과 자유, 그리고 낭만적인 이야기로 그려져 왔습니다. 그러나 그 뒤에는 쉽게 상상하기 어려운 고통과 희생의 나날이 존재했습니다.

나무 한 그루 없는 황무지에서 흙집을 쌓고 한겨울의 매서운 바람과 싸우며 굶주림과 질병 속에서 가족을 지키기 위해 모든 것을 내던졌던 사람들. 그들은 단지 땅을 일군 것이 아니라 그 땅 위에서 몸과 마음을 모두 바치며 하루하루를 버텨냈습니다.

이 이야기는 비록 150년 전 먼 미국의 서부에서 펼쳐진 이야기지만 당시를 살았던 모든 곳의 인류 역시 시대의 모진 바람 속에서 하루하루를 버티며 살고 있었을 것입니다. 과거를 살았던 사람들의 삶을 돌아보며 오늘 우리가 누리는 모든 것이 얼마나 소중한지를 새삼 생각하게 됩니다.

하루에
열두 시간씩 일하던
열 살의 광부들

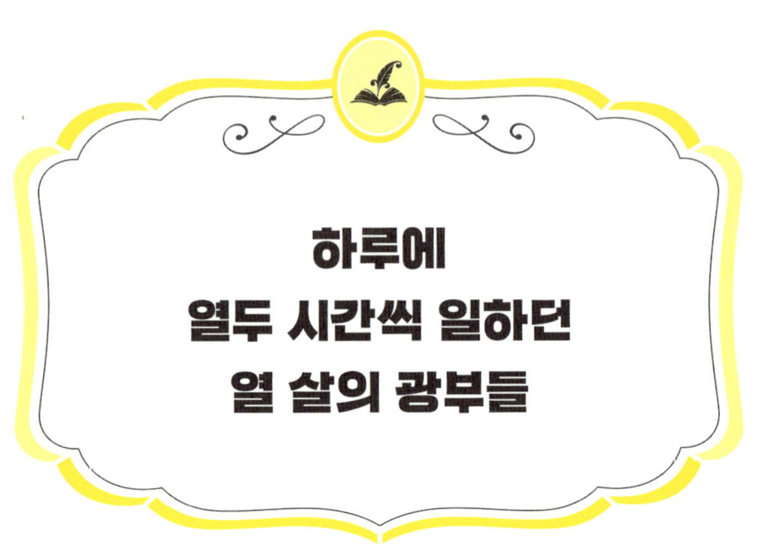

　이곳은 1911년 미국 펜실베이니아의 한 석탄 광산입니다. 카메라 앞에 모인 소년 노동자들은 대부분 열두 살도 되지 않았고, 어떤 아이는 겨우 아홉 살입니다. 사진을 찍기 위해 급히 닦아낸 얼굴엔 아직도 석탄 먼지가 남아 있고 헐렁한 작업복에는 해진 자국이 많이 보입니다.

　그들의 하루 근무 시간은 12시간이었습니다. 빠르게 돌아가는 컨베이어 위의 석탄 속에서 불순물을 재빠르게 골라내야 합니다. 석탄 먼지는 폐를 가득 채우고 손과 팔에는 날카로운 돌에 베인 자국이 아물 새가 없었습니다.

　다음의 사진은 석탄을 선별, 분류하는 '콜 브레이커'라는 기

콜 브레이커에서 일하는 아이들

계 위에서 일하고 있는 소년들의 모습입니다. 끊임없이 돌아가는 컨베이어 벨트에 실려 오는 석탄 더미에서 잡석을 골라내는 작업은 주로 아이들의 몫이었습니다.

이 일을 하는 아이들 중에는 아홉 살짜리 소년 패트릭 커니도 있었습니다. 또래보다 체구가 작았던 그는 무거운 석탄 더미 속에서 돌과 폐석을 가려내며 하루 종일 쉬지 않고 일했습니다.

나이가 어리다고 봐주는 사람은 없었습니다. 끊임없이 돌아가는 기계는 쉬는 시간을 주지도 않았습니다. 갑자기 날카로운 비명이 들렸습니다. 패트릭의 손이 벨트에 빨려 들어갔고 옆에 있던 아이들이 울부짖었지만 기계는 패트릭의 팔을 계속 끌고

펜실베이니아 석탄 회사에서 일하는 어린 탄광 노동자들

들어갔습니다. 한참이 지나 기계가 멈췄을 때 그의 몸은 부모조차 알아볼 수 없었습니다. 이런 일은 당시로서는 그저 일상이었습니다. 이날 오후 패트릭이 빠진 자리에는 다른 아이가 들어오고 다시 기계는 돌아갔습니다.

산업화를 지탱한 작고 민첩한 노동력

20세기 초 미국은 산업화의 정점으로 치닫고 있었습니다. 19세기 말, 이미 영국을 제치고 세계 최대의 공업 생산국이 된 미국은 철강, 전기, 자동차, 석탄, 철도 등 모든 산업이 폭발적으로 성장하고 있었습니다. 그 성장의 원동력은 석탄과 값싼 노동력이었는데요. 석탄은 철강과 철도, 전력, 그리고 가정의 난방까지 담당하며 산업의 심장이라 불렸습니다. 당시 전 세계 석탄 생산량의 40%가 미국에서 나왔고 그 막대한 생산량을 떠받치는 현장의 맨 아래에는 바로 아이들이 있었습니다.

그 시절 펜실베이니아 북동부는 '안트라사이트 무연탄 지대'이라 불리는 품질 좋은 무연탄 산지였습니다. 광산 주변의 좁은 마을에는 석탄 회사가 제공하는 허름한 집들이 늘어서 있었고 광부와 그 가족들은 빽빽하게 모여 살았습니다.

그러나 광부의 하루 일당은 고작 2달러 남짓으로 아버지의 수입만으로는 가족의 생계를 유지하기 어려웠습니다. 그래서 아이들이 일터로 향했습니다. 어린 소년들은 하루 9~10시간을 일하고 약 75센트를 받았습니다.

아이들은 어른보다 인건비가 훨씬 저렴할 뿐 아니라 순종적이라 부리기도 좋았습니다. 좁고 가파른 갱도에서 석탄을 밀거나 잡일을 하는 일에는 체구가 작은 아이들이 오히려 적합하다 여겨졌습니다. 그래서 광산 회사는 그들을 '작고 민첩한 노동력'이라 불렀습니다.

특히 컨베이어 밑을 기어들어 가 막힌 석탄을 빼내거나 부서진 기계를 손보는 일, 헐거워진 벨트나 부품을 교체하는 일은 모두 아이들의 몫이었습니다.

그 과정에서 손이나 팔이 기계에 끼는 사고는 일상처럼 일어났습니다. 그들을 보호할 법은 없었고 교육도, 안전 장비도 없었습니다. 하루 근로 시간을 9시간으로 제한한다는 중재안이 있었지만 이를 지키는 사업장은 거의 없었습니다.

하루 10시간은 기본이었고 바쁘면 12시간을 넘기기 일쑤였습니다. 주 6일 근무가 원칙이었지만 일요일에도 불려 나가는 경우가 많았습니다. 아이든 어른이든 모두 똑같이 일했습니다.

회사의 규칙이 곧 법이었고, 아이들은 가족을 돕는다는 이름 아래 위험을 당연하게 받아들여야 했습니다. 또 배우지 못한 노동자들은 부당한 대우를 당해도 호소할 곳이 없었습니다. 그 어디에도 안전을 위한 장치는 없었습니다. 유일한 안전 교육은 기계가 돌고 있을 때 조심하라는 구두 지시뿐이었습니다. 산업재해 보상 제도는 존재하지 않았고, 아이가 목숨을 잃어도 회사는 약간의 장례비만 지급할 뿐이었습니다.

미국의 사진작가 루이스 하인이 펜실베이니아주의 석탄 선별 공장에서 아동 노동자들의 사진을 찍으며 다음과 같은 메모를 남겼습니다.

"(석탄) 먼지가 너무 짙어서 때때로 앞이 안 보였고, 이 먼지는 소년들의 폐 깊숙이 침투한다. 감독자는 아이들 위에 서서 말을 듣게 하려고 (막대기로) 찌르거나 발로 차곤 한다."

석탄 가루로 인해 폐가 검게 변하고 미세한 분진 때문에 시력을 잃어가는 것은 문제가 아니었습니다. 그들에게 오늘을 무사히 마치고 집에 가는 것, 그리고 어른이 될 때까지 이곳에서 버티는 것 외에는 다 부차적인 문제일 뿐이었으니까요.

먼지 속에서 사라진 아이들

20세기 초 미국 남부는 새로운 산업의 중심지로 떠오르고 있었습니다. 면화가 풍부한 이 지역에서는 수백 개의 섬유 공장이 세워졌고 1900년대 무렵에는 이미 10만 명이 넘는 노동자가 이 산업에 종사했습니다. 그 가운데 3분의 1 이상이 16세 미만의 아이들이었고 이 숫자는 빠르게 늘어 1904년 무렵에는 절반이 아동이었습니다.

공장주들은 이들을 '가족 단위 노동력'이라 불렀습니다. 부모가 일하는 동안 아이들은 자연스럽게 공장 안으로 들어왔고 그렇게 한 가정 전체가 한 공장에서 일하는 구조가 만들어졌습니다.

아이들에게 주어진 일은 주로 실을 감거나 끊어진 실을 잇는 일이었습니다. '스피너'라 불린 소녀들은 실이 끊기면 재빨리 기계를 멈추지 않은 채 손으로 잇고, '도퍼'라 불린 소년들은 다 찬 실감개를 빼내어 교체했습니다.

아이들은 빠르게 돌아가는 스핀들과 기계 사이를 오가며 기계의 속도에 맞춰 민첩하게 움직여야 했습니다. 만약 잠시라도 주의를 빼앗기거나 손이 느려 실감개의 교체가 바로 이루어지지 않으면 생산이 중단될 수 있었고 그런 일이 생길 때면 욕을 먹거나 수치심을 당했기 때문입니다.

공장 안의 공기는 항상 덥고 습하며 공중에는 섬유 보풀과 먼지가 떠 있습니다. 왜냐하면 실이 끊어지지 않도록 계속 가습기를 돌려야 했기 때문입니다. 하지만 이 환경은 아이들의 폐를 서서히 망가뜨렸습니다.

당시 산업 보건 보고서에는 이런 아이들이 성인이 되기도 전에 만성 폐 질환을 앓게 된다는 기록이 남아 있습니다. 기계에 옷자락이나 머리카락이 말려 들어가는 사고도 흔했습니다. 회전축이 빠르게 돌아가는 방직기는 보호 덮개가 없었고 청소를 하거나 실을 매만지던 아이들이 그대로 끌려 들어가는 일이 잦았습니다. 그러나 누구도 책임지거나 작업 환경의 변화를 이끌지는 못했습니다.

아이들은 하루에 10시간 이상, 야간 교대가 있는 공장에서는 밤새워 일해야 했습니다. 당시 몇몇 주에서는 12세 미만의 아동 노동을 제한하는 법이 있었지만 대부분의 부모가 나이를 거짓으로 보고했고 공장주들은 알면서도 묵인했습니다. 아이 한 명이 하루에 받는 돈은 가족이 생계를 유지하기 위해 꼭 필요한 수입이었기 때문입니다.

위험한 기계와 먼지로 가득한 공기, 장시간의 야간 노동. 지금 같으면 상상도 못 할 환경 속에서 아이들은 일했습니다. 심지어 아이들은 정식 근로자로 인정받지 못했기 때문에 노동조합에 들어가지도 못했습니다.

사실 노동조합이라고 해봐야 당시 남부 섬유 공장이나 여성, 아동 노동이 많은 업종에서는 조직률이 극히 낮았는데, 예를 들어 1910년 당시 노스캐롤라이나 섬유 공장 노동자 중 조합 조직률은 1%도 되지 않았습니다.

설령 조합이 있더라도 파업이나 단체 행동은 곧바로 질서 문란 행위로 간주되어 경찰의 탄압을 받았습니다. 결국 근로 환경의 개선은 공장주의 양심과 시장의 논리에 맡겨질 수밖에 없었습니다. 그 시절에는 법도, 조합도, 언론도 가난한 노동자들을 보호해 주지 못했습니다.

1916년 연방 정부는 결국 '키팅-오언 아동 노동법'을 통과시켰습니다. 14세 미만의 아동이 만든 공장 제품은 주간 거래가 금지되었고, 16세 미만은 야간 노동을 할 수 없도록 했습니다. 그러나 유명무실했던 이 법마저도 2년 뒤 위헌 판결로 무효화가 되었고 기계 사이를 뛰어다니며 밤새 일하는 아이들의 상황은 조금도 변함이 없었습니다.

1911년 미국에는 16세 미만 아동 노동자가 200만 명을 넘었

섬유 공장에서 일하던 '도퍼'와 '스피너'

습니다. 당시 사업주들에게 아이들은 파업이나 조합 결성의 위험이 없으면서도 같은 돈으로 어른 한 명 대신 셋을 쓸 수 있는 노동력이었습니다.

부모들에게도 이런 선택은 불가피했습니다. 대부분 가난한 이민자였던 그들은 살아남기 위해 아이를 일터로 보낼 수밖에 없었습니다. 1910년 인구 조사에 따르면 이민자 가정의 75%에서 자녀가 노동에 참여했습니다.

그리고 당시 사회 분위기는 열심히 일하는 어린이를 근면 성실의 상징으로 묘사했으며 신문과 잡지에서는 "노동은 아이를 도덕적으로 성장시킨다. 노동은 게으름을 막는 최고의 학교다"라며 아동 노동을 미덕처럼 포장했습니다.

카메라에 담긴 아동 노동의 현실

1908년 한 남자가 손에 낡은 카메라 하나를 들고 미국 남부의 작은 공장들을 찾아다니기 시작합니다. 그의 이름은 루이스 하인으로, 사회학을 전공한 교사 출신 사진가였습니다.

그는 뉴욕의 에티컬 컬처 스쿨에서 이민자 아이들을 가르치고 있었는데, 어느 날 출석부를 보다가 이상한 점을 발견합니다. 학기 초에는 꽉 차 있던 교실이 시간이 지날수록 비어가고 있었던 것입니다.

그는 직접 아이들을 찾아 나섰고 공장과 작업장, 거리의 가판대에서 자신의 제자들을 발견했습니다. 그리고 곧 그들이 일하는 현장을 목격하고는 충격에 빠졌습니다.

'교육받아야 할 아이들이 왜 기계 아래에서 일하고 있는가?' 하인은 아이들을 가르치는 일보다 그들을 위험한 공장 노동에서 구해내는 일이 더 시급한 문제라고 생각했습니다.

결국 1908년 그는 교사직을 내려놓고 본격적으로 공상과 탄광, 제분소, 방직 공장, 농장 등을 직접 찾아다니며 현실을 고발하기 시작했습니다. 보고서로 설득하는 것은 한계가 있다고 생각한 그는 사진을 활용하기로 결심합니다.

그러나 아이들이 일하는 현장을 찍는 것은 쉬운 일이 아니었습니다. 대부분의 공장주는 외부인의 접근을 철저히 막았기 때문에 하인은 보험 조사원, 기계 점검원, 포스터 제작가 등으로 신분을 위장하고 잠입해 몰래 사진을 찍었습니다. 그의 카메라는 가죽 가방 속에 숨겨져 있었고 아이들에게 접근하기 위해 사탕이나 빵을 건네기도 했습니다. 보안 요원에게 폭행을 당하거나 심지어 살해 위협을 받기도 했습니다.

당시 대중과 중상류층 사람들은 아이들이 부모를 돕기 위해 일하는 것으로 알고 있었지, 아이들이 그토록 위험한 환경에 노출되어 있다는 것은 깨닫지 못했습니다.

소외되고 보이지 않는 사람들을 기록하다

루이스 하인이 아동 노동 근절을 위해 전국아동노동위원회에 합류한 것도 이 무렵이었습니다. 아동노동위원회는 이 사진들을 증거로 정치권을 압박했습니다. 1912년, 마침내 미국 정부는 아동국을 설립했습니다. 그리고 1938년, 공정 노동 기준법이 제정되면서 아동 노동은 법적으로 종식되었습니다.

한편 1929년에 시작된 미국 대공황 또한 아동 노동이 근절되는 데 큰 역할을 합니다. 미국을 휩쓴 경제 위기는 어른들의 일자리마저 사라지게 했고 아이들을 고용하던 산업의 수요 구조

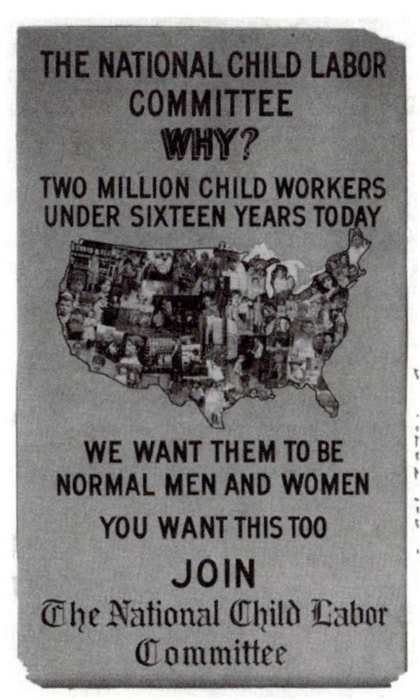

아동 현실을 고발한 전국아동노동위원회 포스터

도 흔들었습니다. 통계로 보면 1910년 무렵 10대 미만 아동의 약 18%가 노동에 종사했지만 1930년에는 남아 6.4%, 여아 2.9%로 급락했습니다. 이 곡선 뒤에는 루이스 하인의 사진이 흔들어 놓은 여론과 대공황이 만든 노동 시장 재편이 큰 역할을 했습니다.

루이스 하인은 아동 노동의 참상뿐 아니라 세상에서 소외되고 보이지 않는 사람들의 삶을 기록하는 데 평생을 바쳤습니다. 공사장 철골 위에서 일하는 노동자들, 하늘을 향해 세워지는 엠파이어스테이트 빌딩의 건설 현장, 땀과 두려움, 그리고 그 속에서도 꿋꿋이 일하던 사람들. 그의 사진 속 인물들은 영웅도 유명인도 아니었지만 세상을 떠받치던 무명의 노동자들이었습니다.

그러나 대공황이 끝나고 미국 경제가 다시 고속 성장을 향해 나아가면서 사회적 약자에 대한 관심도, 루이스 하인의 이름도 서서히 잊혔습니다. 그는 점차 일거리를 잃었고 정부와 기업의 후원도 줄었습니다. 정치가와 사업가들에게 있어 그는 늘 불편한 진실을 들추는 사람, 골치 아픈 문제를 떠올리게 하는 말썽꾼일 뿐이었습니다.

1930년대 후반 사진가로서 그의 명성은 사라지고 생활은 점점 더 어려워졌습니다. 오래된 카메라 한 대만 남은 채 그는 생활고에 시달렸고 그의 집은 결국 은행에 압류되었습니다. 마지막에는 집세조차 내지 못해 이사를 반복했고 그를 도와주는 이도 없었습니다.

1940년 11월, 루이스 하인은 예순여섯 나이에 심장병과 가난 속에서 세상을 떠났습니다. 장례식에는 가족 몇 명과 소수의 지인만이 참석했습니다. 그는 아내가 묻힌 뉴욕 프랭클린의 올루트 밸리 공동묘지에 묘비조차 생략된 채 조용히 묻혔습니다. 루이스 하인과 그의 가족은 생전에 작품으로 돈을 거의 벌지 못했습니다.

수십 년이 흐른 뒤 한 세대가 지나 1970년대가 되어서야 세상은 그의 필름들을 다시 들여다보기 시작했습니다. 당시의 시선으로는 상상조차 어려운 어린이들의 끔찍한 노동 현실, 그리고 오늘날의 미국을 건설하는 데 보이지 않는 주축이었던 소외된 노동자들의 사진은 보는 사람들의 마음을 깊이 울렸습니다. 그리고 뜻 있는 사진가들과 다큐멘터리 제작자들이 중심이 되어 하인의 묘비를 세우기 위한 모금 활동도 진행되었습니다.

그리고 그가 세상을 떠난 지 37년 만에 루이스 하인은 비로소 비석을 가지게 되었습니다. 오늘날 그는 미국 다큐멘터리 사진의 아버지로 불립니다.

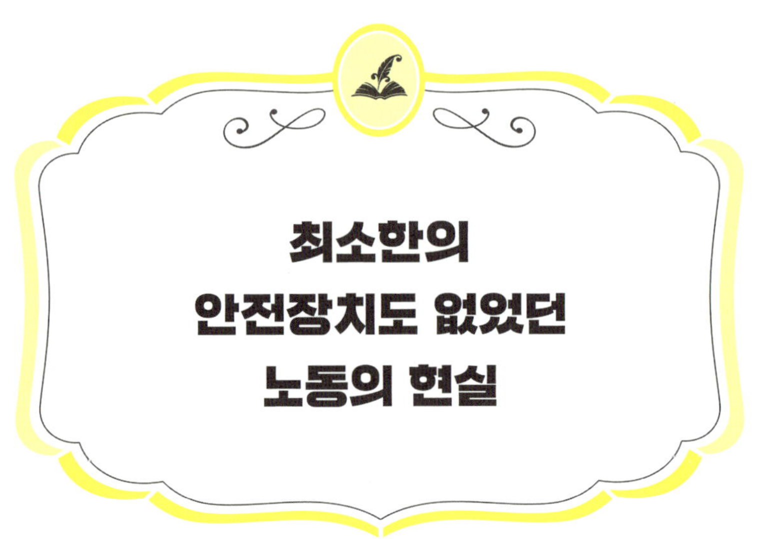

최소한의 안전장치도 없었던 노동의 현실

다음은 1932년 맨해튼에서 찍힌 한 장의 사진입니다. 지상 260m 높이의 철골 빔 위에 11명의 노동자가 나란히 앉아 점심 식사를 즐기고 있습니다. 그들의 발아래로는 뉴욕의 마천루들이 줄지어 보입니다. 아무런 안전 장비도 없이 태연하고 여유로운 모습입니다.

바람이라도 불면 마구 흔들릴 것 같은 한 조각 빔 위에서 한 사람은 태연하게 술을 마시고 어떤 사람들은 담소를 나누며, 맨 끝의 남자는 금방이라도 앞으로 떨어질 듯한 자세로 담배에 불을 붙입니다.

실제로 이 사진이 처음 공개되었을 당시에도 사람들은 눈을

1932년 미국 뉴욕 록펠러 센터 건설을 홍보하기 위해 찍은 사진

의심할 수밖에 없었습니다. 누군가는 아래에 별도의 발판이 있었던 게 아니냐고 주장했고, 누군가는 이건 실제 노동자들이 아니라 연출을 위해 앉힌 모델일 것이라며 조작 의혹을 제기했습니다.

더 놀라운 주장도 있습니다. 이 공사 현장에서 일했던 인부 다섯 명 중 두 명이 결국 현장에서 추락사하거나 영구적인 장애를 입었다는 것이었습니다. 만약 이게 사실이라면 이 사진 속 사람 중 네다섯 명은 어느 날 집에 돌아가지 못하거나 다시는 이곳에 오르지 못했을 것입니다.

과연 이들은 누구였고 저 위험한 장면은 진짜였을까요? 그리고 그 치명적인 사망률 통계는 사실일까요?

대공황 속에서 피어난 마천루

1932년 미국은 역사상 최악의 경제 위기 속에 있었습니다. 주가는 바닥을 쳤고 은행은 무너졌으며 수백만 명의 실업자가 거리로 내몰렸습니다.

그 혼란의 한복판에서 뉴욕 맨해튼 중심부의 거대한 공사 현장이 모습을 드러냅니다. 바로 록펠러 센터였습니다. 대공황 속에서 록펠러가 민간 자본으로 추진한 이 프로젝트는 무려 25만

대공황 당시 무료 급식소 앞 실업자들

명에게 일자리를 제공하며 뉴욕 시민들에게 살아 있는 희망으로 여겨졌습니다.

당시 록펠러 센터를 건설하던 회사는 이 거대한 프로젝트를 대중에게 널리 알리고 싶었습니다. 대공황 시기에 이 정도 규모의 건설이 가능하다는 걸 보여주는 것 자체가 하나의 메시지였고, 사무실에 입주할 기업들을 끌어들이기 위해서도 뭔가 강렬한 이미지가 필요했습니다.

그래서 홍보 담당자는 사진 기자들을 고층 공사 현장에 초대합니다. 그날은 1932년 9월 20일이었으며, 현장에서는 사진 찍는 날이라고 이미 노동자들에게 예고되어 있었습니다.

우리가 본 사진은 그날 하루 종일 여러 장면을 촬영한 결과물 중 하나였습니다. 일부 노동자는 잠시 동안의 낮잠을 즐기고 있고 어떤 이는 담배를 피우고 또 어떤 이는 공중에서 장난을 치기도 했습니다.

여러 명의 촬영 기자가 건물에 올라갔고, 그중 찰스 클라이드 에벳이라는 사진작가가 이 작업을 주도했습니다. 그는 이미 스포츠와 액션 사진 분야에서 경험이 풍부한 인물이었고, 이번 프로젝드를 위해 고용된 공식 사진가 중 한 명이었습니다.

다만 당시 여러 신문사 기자들도 현장에 함께 있었기 때문에 정확히 누가 셔터를 눌렀는지는 지금까지도 논란이 남아 있습니다. 이 사진이 신문에 처음 실렸을 때는 아무런 설명도 없이 그냥 게재되었기 때문입니다.

이름 없는 노동자와 확인된 얼굴

사진 속에 나란히 앉은 11명의 남자들은 도대체 누구일까요? 사진이 처음 공개되었을 때 아무런 설명이 붙지 않았기 때문에 인물들에 관한 정보는 지금까지도 대부분 알려지지 않은 상태입니다. 사진의 뒷면 어디에도 이름은 적혀 있지 않았고 현장 기록이나 인부 명단에서도 정확히 누군지 특정하기 어려웠습니다. 사진이 유명해지자 여기저기서 "저 사람은 우리 삼촌이다", "우리 할아버지다"라는 주장이 쏟아졌지만 대부분은 추측이거나 희망 섞인 이야기일 뿐이고 공식적으로 신원이 확인된 사람은 단 세 명뿐입니다.

그중 한 명은 왼쪽 끝에서 두 번째 앉아 있는 조셉 에크너, 그리고 오른쪽에서 세 번째 앉은 조 커티스입니다. 이들은 같은 날 촬영된 다른 사진 속에 이름이 게재되어 있어 신원이 확인되었습니다. 가장 흥미로운 인물은 술병을 들고 있는 남자였습니다. 그는 슬로바키아 출신의 이민자인 구스티 포포비치로 추정되는데, 작업 중에도 술을 즐겨 마시던 습관 덕분에 함께 일했던 동료들과 가족이 사진을 보고 알아볼 수 있었습니다.

그 외 인물들은 정확히 확인되지는 않았지만 사진 속 인부들 중 상당수가 아일랜드계 또는 기타 유럽계 이민자들이었고 일부는 모호크족 원주민이었다는 사실이 알려져 있습니다.

특히 20세기 초 뉴욕의 고층 빌딩 건설 현장에서는 모호크족 노동자들이 많이 일했는데, 이들은 고소 공포증이 거의 없고 균형 감각이 뛰어나 철골 위에서의 작업에 매우 적합하다고 여겨졌습니다. 한때 브루클린에는 모호크 건설 노동자 마을이 따로 존재했을 정도였습니다.

조작된 통계에 숨겨진 진실

이 사진이 공개된 이후 오랜 시간 동안 여러 의혹이 있었습니다. 가장 대표적인 의혹이 바로 사진 아래 발판이 따로 있다는 것이었습니다.

사진을 자세히 보면 왼쪽 아래 구석에 또 다른 철제 빔 하나가 찍혀 있습니다. 일부 사람들은 이들이 앉은 곳 바로 몇 미터 아래 평평한 바닥이 따로 있었고 실제로는 훨씬 안전한 상태에서 촬영된 것이라고 주장합니다.

실제로 같은 날 촬영된 다른 사진들 중에는 인부들이 나무로 된 작업용 플랫폼에서 일하는 장면도 존재합니다. 그래서 이 사진이 실제 사진이 아니라 대중의 시선을 끌기 위해 연출된 홍보용 장면이었다고 보는 시각도 있습니다. 하지만 같은 날 찍힌 다른 사진들을 보면 이 사진만큼이나 위험해 보이는 장면이 여럿 등장합니다.

그 안의 인부들 또한 태연하게 앉아 있거나 서서 담배를 피우고 농담을 주고받으며 평소처럼 일하는 모습이었습니다. 포즈를 잡았다는 느낌보다는 그들의 일상이 고스란히 드러나는 자연스러운 모습들이었습니다. 또 이 장면을 촬영한 사진작가들 역시 실제 고층 빌딩의 철골 구조물 위에 올라가야만 했습니다.

그 자체로 위험한 환경이었고 당대의 카메라는 매우 무겁고

당시 위험한 환경에서 촬영해야 했던 사진작가들

조작도 까다로웠기 때문에 어쩌면 노동자들보다 촬영 팀이 더 위험한 상황에 있었을지도 모릅니다.

단순한 쇼를 위해 저런 장면을 일부러 연출했다고 보기는 어렵습니다. 그래서 대부분의 전문가들은 이 사진을 촬영 팀이 실제 공사 현장에 올라가 위험을 무릅쓰고 기록한 결과물이라고 해석하고 있습니다.

앞서 이 사진 속 인부들 중 40%가 추락사하거나 영구적인 장애를 입었다는 주장도 살펴봤습니다. 만약 이 수치가 사실이라면 이 사진 속 남자들 가운데 네 명 또는 다섯 명은 작업 중 치명적인 사고를 당했다는 뜻인데요. 안타깝게도 록펠러 센터 공사 당시의 정확한 사망자 수는 공식적으로 집계된 바가 없습니다.

하지만 비교적 비슷한 시기, 유사한 규모로 진행된 엠파이어 스테이트 빌딩 건설에 대한 통계는 존재합니다. 당시 하루 평균 3,400명의 인부가 작업에 투입되었고 공사 기간 동안 총 다섯 명의 사망자가 보고되었습니다. 이를 수치로 환산하면 사망률은 약 0.14%, 즉 1천 명 중 1.4명꼴에 불과했습니다.

이 숫자는 우리가 처음 들었던 40%라는 수치와는 거리가 꽤 있습니다. 물론 그렇다고 해서 이 작업이 안전했다는 의미는 아닙니다. 현대 고층 빌딩 건설 현장에서의 일반적인 사망률이 0.01% 이하인 것과 비교하면 당시 수치는 매우 높은 편이었습니다.

게다가 엠파이어스테이트 빌딩 건설은 당시 기준으로도 사고가 적었던 현장이었고, 일부 사고는 제대로 기록되지도 않았던 점까지 감안하면 다른 건설 작업 현장들에서는 훨씬 많은 사람들이 추락하거나 산업 재해를 겪었을 가능성이 높습니다.

오늘날까지 전해지는 노동의 가치

그 시절 노동자들에게는 선택의 여지가 없었습니다. 대공황기였고 대부분의 가정은 생계를 유지하기 위해 누군가는 위험한 현장으로 나가야만 했습니다.

안전모도, 산업 안전 규정도 제대로 없던 시대, 그들에게는 목숨을 담보로 돈을 버는 것 외에는 다른 길이 없었습니다. 결국 40% 사망률이라는 숫자는 당시 위험한 작업 환경을 강조하기 위한 과장된 수치일 가능성이 큽니다.

하지만 이 사진이 전해주는 죽음을 무릅쓴 노동의 상징성은 단순한 숫자 이상의 울림을 줍니다. 사진 속 남자들은 단지 철골 위에 앉아 점심을 먹고 있는 것이 아니라 당시 수백만 명의 이민자들과 노동자들이 감내했던 현실 그 자체를 대표하고 있으니까요.

이 사진에는 역사적인 기록을 넘어 한 시대를 살아간 사람들의 삶이 담겨 있습니다. 그들이 누구였는지는 알 길이 없고 이제는 모두 세상을 떠났겠지만 현대의 도시는 이들에 의해 만들어졌습니다. 아일랜드, 독일, 폴란드에서 온 가난한 이민자들, 모호크 원주민들, 그리고 소수의 아시아계도 있었습니다.

가진 것 없고 언어도 서툴렀던 이들은 가족을 위해서 매일 수백 미터 상공에 올라야 했고 사고를 당하면 가족은 극심한 빈곤 속으로 내몰려야 했습니다.

힘겨운 오전의 노동을 끝내고 사랑하는 가족이 가난한 살림 속에 준비해 준 도시락을 먹고 담배를 피우며 이들은 과연 무슨 생각을 했을까요? 그리고 그들이 느낀 삶은 어떤 것이었을까요?

 참고 자료

PART 1. 평범한 일상에서 살아남기

목욕에 목숨을 걸어야 했던 위생의 암흑기

- Halliday, S., 《The Great Stink of London : Sir Joseph Bazalgette and the Cleansing of the Victorian Metropolis》, Sutton Publishing, 2001
- Hughes, K., 《Victorian Britain》, Bloomsbury Publishing, 2014
- Mayhew, H., 《London Labour and the London Poor》, Griffin, Bohn and Company, 1851
- Porter, D., 《Health, Civilization and the State : A History of Public Health from Ancient to Modern Times》, Routledge, 1999
- Wohl, A. S., 《Endangered Lives : Public Health in Victorian Britain》, Harvard University Press, 1983

납과 수은으로 빚어낸 하얀 얼굴의 비극

- Eldridge, N., 《Venetian Ceruse and the Culture of Cosmetics in Early Modern Europe》, Routledge, 2015
- Ribeiro, A., 《Fashion and Fiction : Dress in Art and Literature in Stuart England》, Yale University Press, 2011
- Strong, R., 《The Cult of Elizabeth : Elizabethan Portraiture and Pageantry》, Pimlico, 2000
- Weir, A., 《The Life of Elizabeth I》, Ballantine Books, 1998
- Williams, N., 《Elizabeth I : A Biographical Companion》, ABC-CLIO, 2015

빅토리아 시대의 조용한 살인자, 빵

- Burnett, J., 《Plenty and Want : A Social History of Food in England from 1815 to the Present Day》, Routledge, 1989
- Collingham, L., 《The Taste of Empire : How Britain's Quest for Food Shaped the Modern World》, Allen Lane, 2012
- Hassall, A. H., 《Food and Its Adulterations》, Longman, 1855
- Mayhew, H., 《London Labour and the London Poor》, Griffin, Bohn and Company, 1851
- Oddy, D. J., 《From Plain Fare to Fusion Food : British Diet from the 1890s to the 1990s》, Boydell Press, 2003

거대한 드레스에 갇힌 여자들

- Cunnington, C. W. & Cunnington, P. E., 《English Women's Clothing in the Nineteenth Century》, Faber and Faber, 1952
- Flanders, J., 《Inside the Victorian Home : A Portrait of Domestic Life in Victorian England》, W. W. Norton & Company, 2003
- Halliday, S., 《The Great Stink of London : Sir Joseph Bazalgette and the Cleansing of the Victorian Metropolis》, Sutton Publishing, 1999
- Steele, V., 《The Corset : A Cultural History》, Yale University Press, 2001

• Waugh, N., 《The Cut of Women's Clothes : 1600 – 1930》, Faber and Faber, 1968

눅눅한 빵, 시큼한 고기로 차려진 평범한 식탁

• Dyer, C., 《Everyday Life in Medieval England》, Hambledon & London, 2000
• Freedman, P., 《Food : The History of Taste》, University of California Press, 2007
• Henisch, B. A., 《Fast and Feast : Food in Medieval Society》, Pennsylvania State University Press, 1976
• Montanari, M., 《The Culture of Food》, Blackwell, 1994
• Woolgar, C. M., 《The Culture of Food in England, 1200 – 1500》, Yale University Press, 2016

PART 2. 위험한 도시에서 살아남기

대를 이은 직업에 숨겨진 트라우마

• Ashenburg, K., 《The Dirt on Clean : An Unsanitized History》, North Point Press, 2007
• Ignatieff, M., 《A Just Measure of Pain : The Penitentiary in the Industrial Revolution 1750 – 1850》, Pantheon Books, 1978
• Kirk, R. G. W. & Pemberton, N., 〈Re-imagining Bleeders : The Medical Leech in the Nineteenth-Century Bloodletting Encounter〉, Medical History, 2011
• McConville, S., 《A History of English Prison Administration》, Routledge, 1981
• Orent, W., 《Plague : The Mysterious Past and Terrifying Future of the World's Most Dangerous Disease》, Free Press, 2004
• Poulsen, B., 《The English Medieval Leather Industry》, Oxbow Books, 2013

눈 뜨고 코 베이던 사기의 연대기

• Calvin, J., 《A Treatise on Relics》, Baker Books, 1543/2000
• Geary, P. J., 《Furta Sacra : Thefts of Relics in the Central Middle Ages》, Princeton University Press, 1990
• Hanawalt, B. A., 《The Ties That Bound : Peasant Families in Medieval England》, Oxford University Press, 1998
• Nicholas, D., 《The Later Medieval City, 1300 – 1500》, Longman, 1997
• Spufford, P., 《Money and Its Use in Medieval Europe》, Cambridge University Press, 1988

치명적인 독가스실이 된 굴뚝과 벽난로

• Bearman, R., 《Stratford's Fires of 1594 and 1595 Revisited》, The Stratford Society, 2021
• Boyce, N., 〈Bills of Mortality : Tracking Disease in Early Modern London〉, The Lancet, 2020
• Cavert, W. M., 《The Smoke of London : Energy and Environment in the Early Modern City》, Cambridge University Press, 2016
• Evelyn, J., 《Fumifugium : Or, the Inconvenience of the Aer and Smoake of London Dissipated》, University of Pennsylvania digital edition, 1661/2023
• Reid, A., 〈How Dangerous Was Childbirth in the Past?〉, Cambridge Group for the History of Population and Social Structure, 2024

중세의 혹독한 추위를 견디는 법

• Baek, S. H., Smerdon, J. E., Cook, E. R. & Rao, M. P., 〈A Quantitative Hydroclimatic Context for the Euro-

pean Great Famine of 1315 – 1317⟩, Communications Earth & Environment, 2020
- Dyer, C., ⟨The Housing of Peasant Livestock in England, 1200 – 1520⟩, Agricultural History Review, 2019
- Evelyn, J., 《Fumifugium : Or, the Inconveniencie of the Aer and Smoake of London Dissipated》, London, 1661
- Miller, G. H. et al., ⟨Abrupt Onset of the Little Ice Age Triggered by Volcanism and Sustained by Sea-Ice/Ocean Feedbacks⟩, Geophysical Research Letters, 2012
- Pétursson, J. Þ., ⟨Stirring Up Skyr : From Live Cultures to Cultural Heritage⟩, Icelandic Studies Journal, 2022

차라리 죽는 게 나았을 중세의 감옥

- Centre des monuments nationaux, ⟨Marie-Antoinette at the Conciergerie⟩, Centre des monuments nationaux, n.d.
- Dunbabin, J., 《Captivity and Imprisonment in Medieval Europe, 1000 – 1300》, Palgrave Macmillan, 2002
- Encyclopaedia Britannica, ⟨Bastille⟩, Encyclopaedia Britannica, 2026
- Encyclopaedia Britannica, ⟨Voltaire⟩, Encyclopaedia Britannica, 2026
- Spierenburg, P., 《The Spectacle of Suffering : Executions and the Evolution of Repression》, Cambridge University Press, 1984

구걸할 힘조차 잃은 사람들

- Higginbotham, P., ⟨An Introduction to the Workhouse⟩, Workhouses.org.uk, n.d.
- Higginbotham, P., ⟨Entering and Leaving the Workhouse⟩, Workhouses.org.uk, n.d.
- Higginbotham, P., ⟨The New Poor Law⟩, Workhouses.org.uk, n.d.
- Thomson, J. & Smith, A., 《Street Life in London》, Sampson Low, Marston, Searle, & Rivington, 1877
- Victorian London, ⟨The "Crawlers"⟩, Street Life in London, n.d.

PART 3. 병과 죽음에서 살아남기

먹을수록 죽음에 가까워졌던 황당한 처방전

- Dawson, W. R., ⟨Mummy as a Drug⟩, Proceedings of the Royal Society of Medicine, 1927
- Hudson, B., ⟨Anniversary of the Pharmacy Act : 150 Years of Medicines Safety⟩, The Pharmaceutical Journal, 2021
- Macklis, R. M., ⟨Radithor and the Era of Mild Radium Therapy⟩, JAMA, 1990
- Pettigrew, T. J., 《A History of Egyptian Mummies, and an Account of the Worship and Embalming of the Sacred Animals by the Egyptians》, Longman, Rees, Orme, Brown, Green, and Longman, 1834
- Smith, P. C., ⟨John R. Brinkley : A Quintessential American Quack⟩, Journal of Medical Biography, 2022

마취도, 소독도 없이 맨 정신으로 견뎌낸 수술대의 공포

- Old Operating Theatre Museum and Herb Garret, ⟨History of the Museum⟩, Old Operating Theatre Museum and Herb Garret, n.d.
- Ramsay, M. A. E., ⟨John Snow, MD : Anaesthetist to the Queen of England and Pioneer Epidemiologist⟩, Proceedings (Baylor University. Medical Center), 2006
- Royal College of Physicians and Surgeons of Glasgow, ⟨The Case of James Greenlees⟩, Royal College of Physicians and Surgeons of Glasgow, n.d.

- Society for Obstetric Anesthesia and Perinatology, 〈Sir James Young Simpson〉, Society for Obstetric Anesthesia and Perinatology, n.d.
- Worboys, M., 〈Joseph Lister and the Performance of Antiseptic Surgery〉, Notes and Records of the Royal Society, 2013

죽음의 문턱을 지키던 처형인의 기록

- Carrel, H., 〈The Ideology of Punishment in Late Medieval English Towns〉, Social History, 2009
- Sanson, H.-C., 《Executioners All : Memoirs of the Sanson Family (1688 – 1847)》, Neville Spearman, 1862 – 1863/1962
- Spierenburg, P., 《The Spectacle of Suffering : Executions and the Evolution of Repression》, Cambridge University Press, 1984
- Stuart, K., 《Defiled Trades and Social Outcasts : Honor and Ritual Pollution in Early Modern Germany》, Cambridge University Press, 1999
- Wiesner-Hanks, M. E. (Ed.), 《Gender in History : Global Perspectives》, Blackwell, 2000

시신과 사진을 찍으며 죽은 자 떠나보내기

- Batchen, G., 《Forget Me Not : Photography and Remembrance》, Van Gogh Museum, 2004
- Hallam, E. & Hockey, J., 《Death, Memory and Material Culture》, Berg, 2001
- Litten, J., 《The English Way of Death : The Common Funeral since 1450》, Robert Hale, 1991
- Nickell, J., 《Camera Clues : A Handbook for Photographic Investigation》, University Press of Kentucky, 1994
- Ruby, J., 《Secure the Shadow : Death and Photography in America》, MIT Press, 1995

PART 4. 잔혹한 개발에서 살아남기

낭만 대신 시체가 가득했던 죽음의 길

- Bureau of Land Management, 〈Basic Facts about the Oregon Trail〉, U.S. Department of the Interior, 2016
- National Park Service, 〈Applegate Trail Settlement〉, U.S. Department of the Interior, 2020
- National Park Service, 〈Death and Danger on the Emigrant Trails〉, U.S. Department of the Interior, 2020
- National Park Service, 〈Eliza Donner Houghton, the California Trail〉, U.S. Department of the Interior, 2023
- National Park Service, 〈Traveling the Emigrant Trails〉, U.S. Department of the Interior, 2025

거친 자연을 삶의 터전으로 바꾼 그루터기 집

- Library of Congress, 《The Lincoln-Douglas Debates : Introduction—Stump Speaking》, Library of Congress, 1918
- National Park Service, 〈Free Land! Claim It Quick! The Donation Land Act of 1850〉, U.S. Department of the Interior, n.d.
- National Park Service, 〈No Land Is Free〉, U.S. Department of the Interior, n.d.
- National Park Service, 〈Overlanders in the Columbia River Gorge, 1840 – 1870〉, U.S. Department of the Interior, 2020
- Oregon Encyclopedia, 〈Oregon Donation Land Act〉, Portland State University, 2022

정착민들이 맞닥뜨린 황무지의 민낯

- Encyclopaedia Britannica, 〈Rocky Mountain Grasshopper〉, Encyclopaedia Britannica, n.d.
- Encyclopedia of the Great Plains, 〈Mad Pioneer Women〉, Center for Great Plains Studies, University of Nebraska-Lincoln, n.d.
- National Archives, 〈Homestead Act (1862)〉, National Archives, 2022
- Preston, S. H. & Haines, M. R., 〈New Estimates of Child Mortality during the Late Nineteenth Century〉, 《Fatal Years : Child Mortality in Late Nineteenth-Century America》, University of Chicago Press, 1991
- Wishart, D. J. (Ed.), 《Encyclopedia of the Great Plains》, University of Nebraska Press, 2004

하루에 열두 시간씩 일하던 열 살의 광부들

- National Child Labor Committee, 《Field Reports and Photographic Files》, National Child Labor Committee, 1908 – 1918
- U.S. Bureau of Labor, 《Report on Conditions in the Cotton Textile Industry in the United States》, Government Printing Office, 1912
- U.S. Bureau of Labor Statistics, 《Industrial Accidents and Child Labor (Bulletin No. 605)》, Government Printing Office, 1918
- U.S. Bureau of the Census, 《Thirteenth Census of the United States : 1910 (Vol. 4)》, Government Printing Office, 1913
- U.S. Department of Labor, Children's Bureau, 《Annual Reports of the Children's Bureau》, Government Printing Office, 1912 – 1930

최소한의 안전장치도 없었던 노동의 현실

- Reaghan Tarbell, 〈High Steel : Mohawk Ironworkers Build New York City〉, National Film Board of Canada, 2006
- National Park Service, 〈Empire State Building Construction History〉, U.S. Department of the Interior, 2018
- Rockefeller Center, 〈The Story behind Lunch atop a Skyscraper〉, Rockefeller Center Archives, n.d.
- Rothstein, E., 〈Lunch atop a Skyscraper : The Making of a Photograph〉, Time Inc., 2012
- Willis, C., 《Form Follows Finance : Skyscrapers and Skylines in New York and Chicago》, Princeton Architectural Press, 1995

PART 1. 평범한 일상에서 살아남기

목욕에 목숨을 걸어야 했던 위생의 암흑기

- p.19 프레데릭 스트리트 세탁소, 1914년, Wikimedia Commons
- p.22 19세기 후반, Canfield Rubber Co.의 광고용 트레이드 카드

거친 자연을 삶의 터전으로 바꾼 그루터기 집

- p.221 작자 미상, 워싱턴주 스노호미시에 있는 삼나무 그루터기 오두막, 1901년경, 워싱턴 주립 도서관
- p.224 어거스터스 A. 에릭슨, 레드우드 벌목 사진 시리즈, 1880년~1920년경, 훔볼트 주립대학교 도서관
- p.229 작자 미상, 맥도널드 우체국, 1897년, 포트앤젤레스 공공 도서관

정착민들이 맞닥뜨린 황무지의 민낯

- p.234 존 V. 데드릭, WA Rigg 컬렉션
- p.237 캔자스주 역사협회
- p.244 헨리 워럴의 만화, 1875년

하루에 열두 시간씩 일하던 열 살의 광부들

- p.249 루이스 하인, 1911년, 미국 의회 도서관
- p.250 루이스 하인, 1911년, 미국 의회 도서관
- p.256 루이스 하인, 1911년, 미국 국립기록보관소
- p.259 미국 전국아동노동위원회

최소한의 안전장치도 없었던 노동의 현실

- p.263 작자 미상, 〈고층 빌딩 꼭대기에서의 점심식사〉, 1932년
- p.265 U.S. National Archives and Records Administration
- p.269 찰스 에베츠, 1930~1931년

죽을 운명에서 어떻게든 살아남은
지독한 인간들의 생존 세계사

인류 멸종 실패기

초판 1쇄 인쇄 2026년 4월 10일
초판 1쇄 발행 2026년 4월 22일

지은이 유진
펴낸이 이경희

펴낸곳 빅피시
출판등록 2021년 4월 6일 제2021-000115호
주소 서울시 마포구 월드컵북로 402, KGIT센터 19층 1906호